教養預測學

如何運用八字流年教養孩子？

曾聖惠——著

序文一　陳祈廷

《易經．序卦傳》曰：「物生必蒙，故受之以蒙。蒙者，蒙也，物之稚也。」初生之際，很多事情都不懂，我們常用「幼稚」一詞，來形容這種蒙昧無知的狀態，所以蒙卦講的就是「啟蒙」。

中國文化的啟蒙教育，是非常了不起的！《三字經》每句三個字，《千字文》每句四個字，《千家詩》每句五個字，然後到了《唐詩三百首》才有五言和七言——我們的教材，是按照數字來的，方便孩童由簡入繁，「循數漸進」。

西方文化強調「知識就是力量」，中國文化不是，我們認為「知識就是責任」。孔子可說是全世界第一位「培訓班班主任」，他主張「有教無類」，要把整個中國百姓的教育水準拉上來。

《易經‧蒙卦》卦辭：「亨。匪我求童蒙，童蒙求我。初筮告，再三瀆，瀆則不告。利貞。」教育重「來學」而難於「往教」。「匪」即非，「我」是施教者，「童蒙」則是指受教者。不應該由施教者去教育受教者，而是要由受教者來求教於施教者。

《禮記》云：「禮有來學，不聞往教。」不是老師驕傲擺身段，而是學生必須真心求教，教才有用。教育的祕訣，在於引發學習的熱情跟興趣。一味好為人師，逢人說教，肯定是沒效果的。

「初筮告，再三瀆。瀆則不告。」所以不要一而再、再而三的盯孩子，盯是沒用的，只會澆熄學習的熱情，要能夠因材而施教。不同的性格，要用不同的方法。有些孩子要嚴格管教，有些孩子需要用愛的教育。

我的恩師曾仕強教授常說：「沒有對錯、沒有標準答案，才是標準答案。要因時因地制宜。」可是，我們要如何才能瞭解小孩的個性特質以及與生俱來的專長呢？

我們的老祖先，有一套具有中國文化歷史背景的大數據，經過幾千年的統計分析，歸納整理出來的資料庫叫做「八字」。很可惜，民間百姓將風水、命理、八字、五行視為算命伎倆，是江湖術士毫無根據的信口雌黃，甚至認為是無知百姓的迷信。殊不知，五術「山、醫、命、相、卜」，皆是源自於《易經》。

《易經．雜卦傳》曰：「蒙，雜而著。」對於任何千頭萬緒、混沌不明的事物，要如何能認知清楚？答案是：不固執於己見，不執著於成見。要能敞開心胸，不斷學習，才能應付得了人生的各種困境。

與聖惠老師相識二十餘載，她博學多聞，多才多藝，研究命理、從事教育工作二十餘年，堪稱桃李滿天下。

她提倡「學理」跟「五術」合一併用，用「八字」瞭解孩子個性、特質、專長，增進親子關係，進而引導孩子選擇適合的科系、職業，並透過方位氣場，讓孩子能靜心研讀，這是現代教育的一大創舉！

聖惠老師願將畢生所學無私地分享，今受邀為此書立序，與有榮焉！

陳祈廷

臺灣曾仕強學術研究會 理事長

曾仕強教授易經書系 總編輯

曾仕強教授易經課程 共同創辦人

序文二 黃恒堉

自從聖惠老師請我幫忙寫推薦序文，我就困擾許久，拖了一些時間才下筆，我出版了幾十本書都覺得駕輕就熟，但這篇序就讓我感覺難下筆，因為這本看似八字書，但內容不全在講八字理論而已，而是要告訴為人父母者可以針對小孩八字架構來規劃人生。

八字就是以一個人出生時的年、月、日、時。當一個人出生時的那一剎那就決定了先天命運，這就是所謂的落土時八字命，俗稱「天時」。八個字中就可推論出一個人現在、未來的運勢，八字的好壞不是由我們決定，而是由上天決定，但長大後的命運則是由我們自己創造。

所以說：命不能改但運卻可以轉變，如果能知命就能造運了。俗語說：命好不如運好，運好不如個性好，如果一個人能從小就養成良好習慣，比給他千金萬兩還好。

從書中第一、二篇：談到教養小孩要注意哪些準則，就教我們先排出小孩命盤以及父母命盤相互對比出個人特質及溝通過程，然後依照符合小孩狀態因材施教，這樣就不會讓小孩有被強迫的感覺。

第三篇：一再提醒，根據以往育兒經驗，學齡前（0～6歲）小孩學習力、模仿力超強，為人父母就必須有良好的身教、言教，從小教育。因為能分析出小孩八字走向，那就能照八字特質及運程循序漸進來做人生規劃。

第四篇：到了國小階段，就要瞭解小孩學習特質及該指導學習哪方面的才藝以及人際關係、金錢觀等等，聖惠老師就是那麼細心，提出為人父母必須提早做準備，才能教育出一個優秀的小孩，鼓勵每位讀者將這一本書讀熟讀透，對您如何教育小孩絕對有很大幫助。

第五篇：談到中學階段如何選校選系、如何增強讀書及考試好成績的方法。

第六篇：談到大學生活可能會有的迷思要如何提早做準備。

第七篇：教您用小孩八字看出每年的運勢狀況，好運鼓勵，運差如何導正。

這本書的編寫真的跟坊間八字書不一樣，書中內容是用很中肯的方式建議父母如何運用小孩八字流年的走向來輔導小孩從0歲到大學，求學階段能讓小孩輕鬆又愉快的學習，化阻力為助力，那您必須懂一點八字，這本書剛好適合您，不用懷疑下單吧！

黃恆堉

臺中市五術教育協會　創會理事長

庚子年孟夏　謹序於吉祥坊易經開運中心

序文三　林豐儀

年前，有機會為本書寫書序；這本書由知名易學命理專家曾聖惠老師根據多年輔導經驗寫出，與曾老師進行書中內容多次討論會談，就非常關注這位主張「適性教養」的兒少命理名師。

我有四個寶貝，每個皆有不同行為思想。例如，在公開的場合中，老二就無法坦然放開與人交流，看著老師傳來分組才藝比賽，他總用課本遮著臉唱歌，與其餘同組表現坦然形成明顯對比。老大在校就積極主動幫助別人，主動幫助老師與同學，在封閉的高中社團裡面舉辦跨校活動，是老師與同學和親友中的活躍份子。

於是，在學校、親友、師長之間，老大當然比老二受歡迎多了，但是，私底下觀察老二在家中會主動清潔環境與做家事，學校老師也發現老二幫老師做事相當細心，所以總是對老二多了點心疼，我不希望強行去改變他的人格，而希望引導他坦然面對自己、珍惜自己的特質、發揮自己的長處。

發現曾聖惠老師的適性教養學說以後，我陸陸續續看了些老師的文章，覺得很有收穫。根據老師的五行十神氣質分類，老大與老二分類相當明顯不同，且根據學齡前、小學、中學、每年變化預測做分析解釋。在本書指導下我將國小的老三與不到兩歲的老四八字，進行五行十神分析，發現他的性格與書本描述相當一致，所有小孩性質皆有所不同，面對父母已經固定思路行為的教養模式，一定會產生摩擦與衝突，還好本書詳細列入各分類各階段建議對應方式，真是一本好書！

五行十神理論來自於中國傳統易學文化，這是先聖先賢在預測世間人事變化與吉凶禍福夭壽所採用陰陽五行理論，經歷千年個人大數據資料統計與經驗的累積，形成一個相當可靠的預測系統，再加上曾老師深厚的功底與現代兒少心理諮商的理論與經驗，形成一個可以解決兩代之間親子教育認知問題。

拜讀過曾老師的適性教養本書，體會更深，所有小孩都有自己的性格特性與潛能發展空間，不要一味用自己觀點去處理與管理與小孩的關係。如何面對該類的小孩，鼓勵並激勵其潛能，甚至預測每一年他們心裡變化與行為轉變。

回首我的成長過程，父母面對我這個「壞孩子」，唯一的管教方針就是痛打一頓。那是上世紀七〇年代，情緒管理、教養知識都不普及，小時候的我對父母又怒又怕，但回想起來他們或許只是因缺乏知識而束手無策吧！如果當年就有曾老師的適性教養學該多好呢！

鄭重推薦 曾聖惠老師的《教養預測學》給所有的爸爸媽媽們，學習真正接納孩子的特質，幫助他們成為最美好的自己。

林豐儀

中國五術教育協會全國總會 理事長

庚子年孟夏 寫於台中書苑

序文四 江炳萱

此書以命理易學，結合多元智慧、實務運用、教育理論，從命理及其特質的關係，用實際案例，深度認識孩子，可提早發揮孩子的優勢，規劃孩子的適性教育。運用於親子教養，生涯規劃，職能發展，學習成長的順利與否，健康的調養及如何輔助孩子逆轉勝。

作者以命理專業知識，用簡易方式指引父母，進入孩子個人十神特質、內在思維及性向發展，輔導孩子成長期的人際關係，行為特質性向等，進而開發潛能，提供父母教育和教養的新思維。

本書能讓父母、長輩瞭解子女的個性、能力、才華、命格潛能，幫助子女成長、求學、交友、親子、感情、社交等問題，順著孩子的天性教導，都能透過此書瞭解子女的天性潛能「因材施教」。

每一個孩子都是獨特的，父母是孩子的第一個啟蒙老師，瞭解他們的成長過程，陪伴與正確的指引方向，順著每個孩子的本性天賦，把握人生方向。

聖惠老師掌握五行的正理並從而預知人生的起伏，以八字五行的道理，應用在生命歷程、成長層面的波瀾起伏，揭開命理學的生命密碼，個人一生的生命韻律與性格特質，脈絡分明的分析，解決孩子成長的疑惑，讓孩子獲得順遂的人生。

作者更是引領著父母預測孩子未來的事務及走向，活用了八字命理，分析每個階段的運勢，何時轉換心境，何時守成養精蓄銳，何時積極進取，在人生順遂之時，無懼的往前衝，把握機會發展，豐富了自己的生命「知命轉運」，藉由此書，為孩子也為自己的將來，掌握自己的人生。

此書解析詳盡，非常有系統、邏輯清晰，並經每個成長的可能，以陰陽五行的生、剋、制、化來剖析八字格局所產生的變化，知天命而從心所欲，透視未來，推斷孩子與自己的人生行運起伏，可讓我們有效趨吉避凶，並可積極規劃人生的態度與展現。

透過這本書來幫助自己和孩子，人生更加和諧穩定，突破困境，開創美好的未來。

誠摯的推薦這本書給天下的父母，並祝福曾聖惠老師新書開響成功，每位讀者順心圓滿、家庭幸福。

江炳萱

臺中市五術教育協會　理事長

目錄

第四篇　國小階段的教養 160

後記 267

緣起

在我的職業生涯中，常被許多父母問到關於孩子教養各式各樣的問題：從剛出生嬰兒的未來、怎麼讓孩子有好成績、叛逆青少年怎麼教、大考的學生要選什麼科系、適婚年齡的孩子找男女朋友……等等。而我也常反問這些父母們：希望孩子長大成為什麼樣子的人？有什麼樣的未來？聽到父母們各式各樣的回答：有的只要孩子快快樂樂、健健康康的長大；有的期望孩子上最好的學校、有最好的學習環境；有的父母希望孩子有一番成就……；那正在看這本書的你，期望你的孩子長大是什麼樣子？

從自己的孩子出生開始我也無數次問自己，希望孩子長大是什麼樣子？從開始的開心、快樂、健康到學會英語、武術、書法……，對孩子，我有無限的想像。隨著孩子的成長，我也愈來愈清楚期許孩子長大的樣子：我希望他是一個有獨立思考能力，能決斷、能明辨是非對錯，善良、有智慧、快樂、不依賴他人可以自己獨立自主的人，當明確了對他的期許，我開始思考如何幫助他成為這樣的人。

託孩子的福，正巧我的寶貝是個天生有自己想法，俗稱叛逆的孩子；要他向東，他一定朝西，跟他說黃色衣服帥，他肯定穿藍色衣服的小孩。因為他，我開始藉由我的易學、命理等專業，加上大量閱讀教育書籍、文章、聽演講等等，找出教養他的方法。也感謝我們中國老祖先們的易理命學智慧，讓我和孩子這二十年來的日常充滿了親子間鬥智的樂趣，也讓他一步步成長為一個善良、明辨事非、獨立……且讓我們以他為榮的孩子。

因為這樣的因緣，加上在職涯過程中看到許許多多親子間的問題，引發我想將這二十年來在命學中得到的經驗寫下來與需要親子教養的所有人分享，讓親子間的互動成為幸福與值得珍惜的每一刻。

「菩薩畏因，眾生畏果」

孩子是最可愛的天使，出生時就像一張白紙，但長大後是否依然是天使，會成為什麼樣子，那就看怎麼教了。

菩薩擔心種下的因，教育孩子，就像是在孩子身上種下許許多多的因。我們跟孩子之間的互動支配著孩子的未來，父母所有言行舉止、教養方式也在每天的日常中影響著孩子，成為長大後的果，怎可不謹慎為之。

我始終相信，「要畏因，而非畏果」、「種瓜得瓜，種豆得豆」。一開始教養孩子的方法如果方向就錯了，播下的種子不對，怎麼期待他長大會是我們希望的那個樣子。種的是瓜的種子如何收成豆子？如果希望孩子快樂，但我們總強制要求他做我們認為該做的事而非引導他自己想做，那麼他能真的快樂嗎？希望他有思考能力、能決斷，但我們總是為他做決定，這樣他真能成為那個可以自己思考、自己決斷的人嗎？

身為現代中國人，常覺得西方科學比我們進步，西方文化、教育值得我們學習。

殊不知，兩千五百多年以前，我們的孔老夫子也為我們中國人傳下了完整的教育系統，而其觀念及精髓，亦是至今都適用的：因材施教、學思習行並重、禮樂射御書數（德智體群美）平衡教學發展、循循善誘引導思考的教學方法（由其與弟子的對談中可知）……，這些觀念如能活用於我們的親子教養，對孩子可說是一大福音，且在父母的教養過程中，我相信父母一定能深刻感受孩子學習、進步的幸福喜悅。

在本書中，我將從易理五行及命學的角度融入現代親子教養中，與各位父母、教養者及教育工作者們一起探討孩子的教養問題及方法。易理五行、命學在許多中國人觀念中也許把它當作一種迷信或玄學，但易經是中國的群經之首，現在世界各國的大學、研究機構也積極的研究這部經典，以易經為學術基礎發展出的五術（山、醫、命、相、卜）學問，流傳至今幾千年的傳承，絕對有其學術價值，不是一句迷信或玄學就能推翻的。而學問就是要能活用，要能對人有助益，身為中國人，如能懂得活用老祖宗的學問，將中國傳統、好的教育理念運用得宜、發展傳承，不僅可找到更適合我們中國人的教養方法，也可以讓更多的孩子受惠。

教養孩子是一個長期的過程，聽了很多演講，讀了很多書，不代表回家後就能夠完全妥善處理好親子問題，也無法保證能夠完全順利克服養兒育女的挑戰。因為教育不是一天、一月、一年就能完成，而是從孩子一出生到他成人的一連串過程。會有什麼狀況，每個小孩都不同，在這過程中，父母不斷地調整方法、處理問題，幫助孩子成長。

希望透過本書可以為所有教養者及教育者們提供不同的思維角度及方法，能對孩子的教養有所幫助與啓發，在他們身上種下好的、善的因，讓孩子能快樂、健康的成長，長大後可以在人生道路上找到屬於自己的一片天，成就自己，並且在這過程中將古老中國的文化智慧傳承下去。

導讀：本書使用指引

在動念寫書時就一直想能將二十年來的經驗用平實易懂的方式呈現，希望讀者們即使沒有易經五行、命理的基礎，都可以讀懂，成為有用的教養工具書。

在閱讀時，建議先瀏覽一次，**重點在於：排出自身與孩子的命盤、理清自身與孩子的現況、理清對孩子的教養目標、找出需要調整的觀念及方向。**

第二次回頭看時，著重自己的目標，針對自己與孩子命盤相關部分做運用。首先可參照第二篇第二~四章節：針對父母與孩子命盤的基本認識與概念，瞭解彼此互動的邏輯並找出好的互動模式。

再來就是對孩子性格的重新檢視，是否孩子有哪些個性是父母們不曾留意的？有哪些潛在優點未曾開發出來？有哪些需要調整才不至於成為將來的問題，可參照第二篇第五章：瞭解孩子天生性格、優勢，找到引導孩子的方法。

孩子在0到6歲時，是個性建立、習性養成的階段。很多優秀孩子就是父母運用了這個階段培養出來的，尤其是好的學習特質和優秀的人格特質，可參照第三篇的部分。

對在學的孩子，父母當然特別在乎學習問題，甚至，父母可以在孩子嬰幼兒時從遊戲當中就為孩子打下基礎，可參照第四篇第一章、第五篇第二～六章：幫助孩子輕鬆學習、培養興趣、選擇專業。

最後，好好運用第七篇的流年狀態，走在孩子前面—預知每年狀況，事先做好準備。建議每年中秋節過後就可查找出下一年的流年狀態加以規劃，知道當年該注意孩子哪些事，或可為孩子安排些什麼。預防勝於治療，不希望發生的事，先想想如何引導孩子怎麼做去避免；好的年，更加要好好運用，幫助孩子事半功倍，省時省力。

當然，命盤的組合有五十多萬種，本書不可能可以透析每一個命盤的狀態，但父母可以透過本書更清楚掌握並規劃孩子的學習成長，增進良好的親子互動。每個篇章均附上實際諮詢案例，以及第八篇的運用案例，可提供如何活用本書、分析孩子狀態來幫助孩子成長的方向。

附錄一為易理實踐者們以他們生活中所遇到狀況及處理方法的命學實際運用分享，提供讀者在運用上更多不同的思維。

附錄二的表格可影印使用，幫助分析孩子狀況及閱讀本書時方便記錄。

第一篇

教養孩子的重要準則

第一篇

教養孩子的重要準則

教養孩子，身教重於言教，父母的言行舉止、對孩子的態度直接給了他們學習模仿的對象，父母們著實需要十分當心。

逛賣場或百貨公司時，有時會看到這樣的場景：一個小孩賴在地上哭鬧打滾，父母在旁束手無策、或是哄騙、或是罵孩子，原因是為了父母不肯給孩子買他想要的玩具。如果遇到這種狀況，正在看本書的你會怎麼處理呢？買還是不買？

你認為孩子哭鬧耍脾氣的行為是不對的，玩具也並不適合孩子，為了安撫，你還是買給孩子，當下可能解決了哭鬧這件事，但，後果是什麼？是告訴小孩：是的，你可以這麼對我。是的，這麼做你可以得到你要的。那麼，你做了對的事了嗎？

當你制止孩子做某些事、某些行為，當你跟孩子說「不行」時，有時孩子哭鬧耍賴、鬧脾氣，有時孩子撒嬌拜託，有些父母會著眼於當下的狀況，只要解決，就覺得沒事了。有些父母一時心軟就答應孩子，卻很少去思考當下解決的方式到底影響了孩子什麼？處理的方法真的適當嗎？還是養成了孩子一些不好的習性而不自知？

如果要孩子聽話，你說的就一定要**「堅持」**，不管孩子怎麼說、怎麼做，不行就是不行，絕不能妥協。父母常因為心軟而妥協，導致後來無法給孩子立規矩而覺得小孩講不聽、說不動。

現在的孩子都超級聰明，也很會觀察父母臉色，見縫插針，只要你讓他一次得逞，一定會有下次。許多的案例中，每次不對的事，至少會重覆一到兩次，當父母堅持不讓孩子做或被處罰一、兩次之後就再也不會犯，所以對孩子來說，你的堅持非常非常的重要。

只要是對的事，第一次做了，第二次依然要堅持的做，孩子成長過程中，不可能說了一次，以後就都記得。就像是孩子學步時，他一定跌倒了無數次，練習跨步了無數次，最終才能走得又穩又快一樣，孩子的好習性、好觀念也是在父母無數次的堅持中養成的。

在建立習性、觀念的過程中，有時在某些事上會有衝突，這時父母一定要捉住大原則去取捨，選擇對孩子比較重要的事。

我的孩子在升中學時，為了想讓他有比較好的環境而鼓勵他去考私校，他自己也很喜歡我們為他選的學校，但兒子對考試這件事常是少一根筋的，也沒有非常努力的準備，結果考了個備取，當然既是私校，還是可以找方法送他進去的，但……

這時，你會怎麼做？幫他想辦法，讓他覺得即使沒有很努力也沒關係，反正爸媽會搞定？還是教會他必須自己更努力比較重要？

你的原則是什麼？是你原來的想法比較重要？還是讓孩子學會承受自己所作所為，即使他的年紀還小，哪一個比較重要？如果希望孩子將來是有承擔能力的，聰明的父母知道該怎麼做。

在教養孩子中，尤其是為孩子設了目標、做了計畫，可是結果不是照著我們所想的方向，父母也要學會「轉念」；也許我們想培養孩子成為音樂家，但孩子喜歡繪畫或比較有畫畫的天份，這時，父母還要堅持孩子一定要學音樂嗎？

教孩子一定要用心規劃，但對結果不需太執著，到底老天爺要給我們什麼，不走到後面是不知道的。這也是兒子的考私校事件教會我的事，雖然很希望孩子去念私校，有一個更好的學習環境，但在重大事件上讓他學會承擔是我認為比較重要的，後來還是「轉念」讓他去念公立學校，沒想到反而給了孩子很好的機會。兒子開學後進入了學校的重點社團「科遊社」，這個社團要求孩子們每星期得閱讀一本與科學相關的書，並且要寫讀書報告或上台分享心得給其他同學。進社團是他自己努力爭取來的，自然也沒對這些報告馬虎，兩年下來，不僅養成了更好的閱讀習慣，並懂得整理、分享所學，還有著各方面的進步－自信的建立、穩健的台風、對活動辦理的邏輯能力……，看著這樣的他，心裡除了感恩還是感恩，也再一次讓我體悟：當下的不好、不盡人意，也許是上天開的另一扇光明大門，把握當下，努力做好就對了。

在孩子的教養過程中，永遠有驚喜，沒有什麼是一定要或非得怎麼做不可的事，在你自己教養的大原則下，因時、因地、因事利導，把握每一個讓孩子可以學會你希望他學會的事，讓正確待人、處事的觀念在孩子心中紮根，而不是執著於當下可見的成果，比如：你要讓孩子死背數學公式，死背題目當下考一百分，還是鼓勵孩子搞懂公式的邏輯，理解題目？死背花的時間肯定比搞懂邏輯來得短，當下拿的分數也一定比真的搞懂前分數高，但將來呢？哪一個發展會比較強？

上面這些準則無關孩子、父母的天性、命學等，而是父母在教養孩子時很重要且不可忽略的觀念，在我的經驗中這些準則可以做好，一定能幫助孩子養成好的是非、學習、生活觀念和習慣的，而且父母也一定會教出聽話、懂事的孩子。

＊教養孩子要注意的重要準則小提醒：

一、堅持。

二、做對的事。

三、重複堅持做對的事。

四、抓大原則。

五、轉念，做好當下。

第二篇

命學基礎篇

第二篇 命學基礎篇

第一章 關於易理命學

教養孩子有各種不同的方法，有些父母講究「愛的教育」；有些父母強調「棒棍之下出孝子」，要嚴厲教導……；不管什麼樣的教育方式，共同的出發點就是希望孩子好。

但究竟什麼方法是真的對孩子好呢？事實上每個孩子都不同，都是獨特的，同一種方式不見得適用每個孩子，最好的就是找到適合孩子的方法，因材施教。

要因材施教，最先需要瞭解的就是孩子個性，知道個性後就容易找出適合孩子的教育方法。但父母要如何真正瞭解孩子呢？除了自己觀察之外，也可以透過一些方法和測驗幫助瞭解孩子的性格。

目前常用的方式包括心理測驗、皮紋檢測、IQ測驗、星象（座）學、生命靈數、易理命學、紫微斗數……各種方法。而這所有的方法中，多數可以幫助瞭解孩子的性格、能力，但除了性格優缺、能力之外，命學卻是最好的、中國人獨有能預測分析未來所需調整癥結所在的最佳工具。

本書中所用的命學如何幫助父母教養孩子？首先我們先來瞭解什麼是命學：

現代有很多人認為命學是迷信、是玄學、是不科學的，事實上，易理命學不但一點都不迷信，它是有整套學理為依據的學術。從約五千年以前，中國的易經文化就開始發展，再由易經的學術基礎中發展出五術（山、醫、命、相、卜）的學問，整個易學文化是中國特有的統計學、心理學、環境學、預測學、戰術學……等等，古老中國常把這些學術用於戰爭、治理國家、環境的建設等各個方面，是我們中國老祖先們留下來最偉大的智慧結晶之一。

而命學，用現代的語言，它是一套累積了上千年的大數據，是以一個人**出生的年、月、日、時**當下宇宙大地行星的能量氣場為根據，推論出此人的性格特質、優勢、弱點，妻、財、子、祿、壽的軌跡等，就像是一本使用說明書一樣，記載了人的各種功能，至於要如何用這本「人生使用說明書」，要得到什麼結果，就在於每個人自己的智慧了。

很多中國人在孩子出生時就會請命理師幫孩子寫命書，希望可以在孩子的成長過程中趨吉避凶。而古學今用，我們可以透過命學來瞭解孩子的先天性格、喜好、能力優勢、與父母的對應關係等等，瞭解這些後，就能根據孩子的特質找出適用的教養方法，幫助孩子適性發展，開展與孩子間良好的互動關係。

第二章　進入命學的第一步：排出「人生使用說明書」

要開始運用命學來瞭解孩子的第一步就是要排出父母與孩子的命盤，現代科技永遠來自人的需求，傳統排命盤必須使用萬年曆來查找，而現在我們可以借助手機、電腦軟體的幫助來完成。

可依照以下步驟排出來：

一、在手機APP商店(Play商店、應用寶等)或電腦網路上搜尋「排盤」或「命盤」等關鍵字，選擇一個軟體下載安裝，如下圖：

1.進入手機APP商店

二、進入APP，輸入資料、生辰，就可以排出命盤了。

以論八字的APP為例：

1.進入APP

論八字 - 維護個人資料

姓名：

性別：

◉男 ○女

出生時間：

2017-5-11　0時

農曆：二〇一七年 四月十六日 早子時

自定義評語和參考評語

2.輸入資料

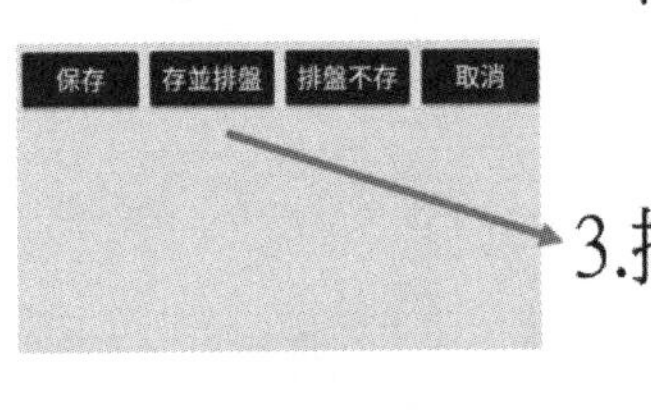

3.排盤

4.查出命盤

論八字 - 排命盤

基本　命盤　細盤　大運　流年　評語

時柱	日柱	月柱	年柱	日期
偏財	元男	正官	正印	主星
壬	戊	乙	丁	天干
子	戌	巳	酉	地支
癸水	戊土 辛金 丁火	丙火 戊土 庚金	辛金	藏干
正財	比肩 傷官 正印	偏印 比肩 食神	傷官	副星
桑柘木	平地木	佛燈火	山下火	納音
胎	墓	臨官	死	星運
帝旺	墓	沐浴	長生	自坐
寅卯	辰巳	寅卯	辰巳	空亡
天喜 勾絞 六厄 血刃 [illegible]	華蓋 太極貴人 [illegible]	白虎 亡神 [illegible] [illegible] [illegible]		神煞

三、注意事項：

1. 輸入的生日時間，以出生地的時間為準。

例如北京時間為17：00，同時重慶的真太陽時是16：06，所以出生時間要輸入16：06。或是在美國出生則輸入美國當地時間即可。

2. 年的分界以節氣中的立春為分界，立春為一年的開始，通常在新曆的2月4日左右。

以2020年為例，立春時間為新曆2月4日17：03，所以在2020年2月4日17：03以前出生的孩子排出的命盤，年為前一年2019己亥年，生肖為豬。2月4日17：03以後出生的孩子才以2020庚子年來論，生肖為鼠。

用電腦或手機軟體排盤只需輸入正確生日不需擔心排錯，唯在生肖認定及使用表格查找資料時宜注意不要弄錯。

第三章　看懂命盤結構

不管下載的命盤頁面是什麼型態，其結構都一樣由天干、地支、十神組合而成。是由每一個人的出生年、月、日、時四個數字換成天干、地支形成四柱八個字。要注意的是排列的方式：有些軟體排列習慣是由右到左，排出年柱、月柱、日柱、時柱的次序；有些排列習慣是由左到右，由日主（或日元）的標示位置去確認就可知道。本書所列命盤皆為由右到左的排列。

（時柱）	（日柱）日主	（月柱）	（年柱）	十神
〇	〇	〇	〇	天干
〇	〇	〇	〇	地支
				藏干

在命盤中，我們要關注的有下列幾個主體：

一、天干、地支：就是圈起來的部分，這也是整個命盤的主要組成，命盤就是由這八個字—四個天干及四個地支組合而成，這八個字也形成了命盤的八個宮位。

天干共有十個字：

甲、乙、丙、丁、戊、己、庚、辛、壬、癸。

地支共有十二個字：

子、丑、寅、卯、辰、巳、午、未、申、酉、戌、亥。

偏財	日主	正官	正印	十神
壬	戊	乙	丁	天干
子	戌	巳	酉	地支
癸	丁 辛 戊	庚 戊 丙	辛	藏干
正財	正印 傷官 比肩	食神 比肩 偏印	傷官	

命學就是由命盤八個宮位中陰陽五行、生剋制化的原理推衍出來的學問，每一個宮位有其代表的年限及六親關係，以年柱來說，代表1～16歲的幼年、少年時期及父母長輩宮，以下用圖表列出每個宮位所代表的意義：

（時柱）49～	日主 33～48	（月柱）17～32	（年柱）1～16	十神
事業子孫晚輩	本人	兄弟朋友平輩	祖先父親長輩	天干
事業子孫晚輩	配偶	內在個性	祖先母親長輩	地支
老年時期	壯年時期	青年時期	幼年時期	

二、日主：這個字代表的就是命盤的這個人，以圖為例，這個命盤的日主為戊，戊在五行中又屬土，所以此命盤的日主屬性即為戊土。

十神	正印	正官	日主	偏財
天干	丁	乙	(戊)	壬
地支	酉	巳	戌	子
藏干	辛	丙 戊 庚	戊 辛 丁	癸
	傷官	偏印 比肩 食神	比肩 傷官 正印	正財

每個天干的五行屬性如下表：查出的命盤如果日主為甲，屬性即為甲木；日主為乙，屬性即為乙木；日主為丙，屬性即為丙火，日主為丁，屬性即為丁火，以下類推。

天干	五行
甲	木
乙	
丙	火
丁	
戊	土
己	
庚	金
辛	
壬	水
癸	

三、十神：圈起來的部分稱為十神，所謂十神就是每個天干與日主之間的生剋關係，我們用十神的十個星來表示其產生的狀況。

十神	正印	正官	日主	偏財
天干	丁	乙	戊	壬
地支	酉	巳	戌	子
藏干	辛	丙 戊 庚	戊 辛 丁	癸
	傷官	偏印 比肩 食神	比肩 傷官 正印	正財

這十個星分別為：比肩、劫財、食神、傷官、正財、偏財、正官、偏官（七殺）、正印、偏印。

第四章　父母與孩子間五行的對應關係

我們中國人常講到木、火、土、金、水五行，但五行到底是什麼？有什麼意義？用科學上的語言來說，五行就是大地生成的五種元素，像食物鏈一樣，一物剋一物卻又生生不息，讓大地可以平衡存在。而我們將世上的事物依其特質歸類至五行，即可得知其中的對應關係。

當我們取得父母與孩子的命盤，並知道其命盤屬性後，我們就可以由五行的生剋中知道彼此之間相處上的對應關係。

而五行是如何相生相剋？彼此關係又是如何對應？以下加以說明。

一、五行相生

木生火，火生土，土生金，金生水，水生木

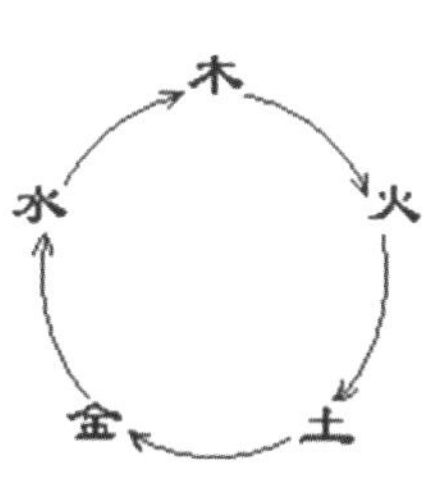

木材會讓火燒得更旺，所以木可生火。火把東西燒成灰燼後歸於塵土，故火可生土。有了土又可蘊藏礦產，所以土可生金。把金鎔化即成液態－水的型態，過程中也可蒸發出水蒸氣，凝結成水，所以說金可生水。有了水又可灌溉樹，故水可生木。

人與人相處，若是兩人命盤中日主為相生的關係，生的人就會對被生的人付出，就像媽媽對孩子一樣，無怨無悔地對他好。

所以，如果是父母的日主屬性去生孩子，例如庚金父母和壬水孩子，金生水，那麼這位庚金爸媽對待孩子，就容易被孩子予取予求，只要孩子想要的，父母只會想到付出、滿足孩子，順從孩子的要求。

相反，如果是孩子的日主屬性來生父母，例如庚金孩子和壬水父母，這個對應關係中孩子就會比較聽父母的話，因為是孩子願意為父母付出，所以父母要他做的事，他會聽話去做。

二、五行相剋

木剋土，土剋水，水剋火，火剋金，金剋木

樹木種植在土地上可恣意生長，土無力抗拒，所以說木可以剋土。而水災時用土去擋，因土可剋水。火災時就需用水去滅火，因其水剋火。要打造刀子、斧頭就得用火去燒煉煅造，故說火剋金。要砍樹就要用刀子、斧頭去砍，所以說金剋木。

兩人命盤中日主為相剋的關係，剋的一方相處上就會比較要求被剋的人，態度也顯得較為強勢，而被剋者會感到壓力，但較會聽從。

所以，如果父母日主屬性是剋孩子的，例如甲木父母和戊土孩子，那麼這位甲木爸媽對待孩子，就容易用強制的方式跟孩子說話，在孩子心中屬於比較權威的父母，即使隨口說的一句話，孩子也會當真，容易聽進去，就算心裡不喜歡也會照做。

木
水
火
金
土

相反的，如果是孩子的日主屬性剋父母，比如甲木的孩子和戊土的父母，這個對應關係父母會覺得孩子叛逆不聽話，但又對孩子無可奈何，因為孩子的屬性剋制父母，所以父母在管教上會備感壓力。

從對應關係中來看，孩子的日主五行生父母，或是父母剋制孩子的日主五行應是最輕鬆教養的，但如果不是怎麼辦？如果剛好是被孩子剋制的屬性，不是又更難帶了嗎？其實懂得運用各種五行的特性，懂得用孩子日主五行可以接受的方式，即使對應關係不佳，也是可以找到方法的。舉例來說，戊土的父母可以用火柔軟、關愛的方式或是金的專業去和甲木孩子溝通，也可透過屬性是火或金的第三者來教養孩子以及和孩子溝通都是不錯的方法，也就是取用木生火及金剋木的對應來和孩子溝通。

C小姐是有三個孩子的乙木媽媽，她經常為了老三向我求教，下面是三個孩子的命盤：

老大

	日主			十神
	戊土			天干
				地支

老二

	日主			十神
	壬水			天干
				地支

老三

正財	日主	傷官	偏印	十神
庚	丁火	戊	乙	天干
子	丑	寅	未	地支

老大和老二從小到大都很聽話，很少讓她生氣操心，可是帶老三比帶兩個大的加起來都累，孩子還小（2015年出生，現年五歲），講不聽時罵也不是，打也不是。原因在於：兩個大的孩子，C小姐的乙木剋老大的戊土，老二的壬水來生她的乙木，她當然覺得這兩個孩子好帶。而她的乙木去生老三的丁火，相生是無怨無悔的付出，不管老三怎麼不聽話，她就是硬不下心處罰，自然覺得對老三無可奈何。現在孩子

比較大了，我建議她直接讓兩個大孩子去幫她管弟弟，讓老三火生老大的土，老二的水去剋火，果然把老三管得好好的，有了小幫手，C小姐帶起老三就省力多了。

教養孩子就是在增長父母的修為和智慧，對應關係雖然是固定的，但人的思維是活的、可變化的，只要找對方法，即可輕輕鬆鬆的和孩子建立和諧的親子關係，引導孩子健康成長。

第五章 瞭解孩子性格的優勢特質

每個人一出生即有他們與生俱來的天性，尤其孩子，小孩子們與外界接觸少，心思又單純，所以命盤上的個性表現是非常直接而不加修飾的，透過對命盤的瞭解，即可掌握孩子的先天性格。

前面提過兒子天生屬於愛唱反調的性格。他是庚金日主，寅月生帶偏印的性格，庚金日主個格剛強、直接、說一不二，對朋友重義氣，不怕得罪人。寅在生肖中為老虎，天生的老大，不喜歡被管，但心腸很軟。最麻煩的是偏印性格，特立獨行，思考快速敏捷，永遠不願跟別人一樣，也永遠不會照著別人的腳步、別人的話做。所以從稍微會爬、會走開始，你要他往東，他一定走西，即使他知道你是對的。

在他約略一歲半時，我做了個命盤實驗，想知道他能倔強到什麼程度，他的牙長得早，為了預防柱牙就開始教他用牙膏，那時抱著他要讓他用牙膏刷牙，他不願意，我不想用強制的方式讓他對牙膏反感，於是開始耐著性子跟他討論用牙膏的好處，當他點頭認同時，我就要用牙膏幫他刷牙，但他就是不肯張開嘴讓我刷。於是我又重新開始灌輸牙膏刷牙的好處，他也點頭認同，可是要他刷牙他依然不願意。我保持著快耗光的耐性跟他磨了約半個小時，最後，剛好婆婆走過來，兒子一看到奶奶，馬上從我腿上跳下來跟奶奶說：阿媽，幫我用牙膏刷牙。

如果不是懂命學，這樣的個性，我想應該會被他氣短好幾個月的壽命。既然事先知道他這樣的性格，如不想辦法修正，長大後，在學習上面對師長、同學，在工作上面對上司、同事，不僅人際關係容易出現問題，在他做決策時也容易意氣用事而導致失敗。

當時，開始找方法修正他的性格，朝著讓他可以理智思考、決斷事情的方向引導，不要為反對而反對。有了明確的方向，做法上，我分了三個階段：

第一階段，三歲以前，孩子還小，為了避免生氣，所以只要希望他往東，我就說往西；要他選A，我就說B好，如此一來，他就會照著我們希望的方式做了。身為家人，可以瞭解他，這麼做避免了與孩子的衝突，但是，家人以外，是不可能這樣與他溝通的，所以有了下一個階段的調整。

第二階段，四、五歲左右，幼稚園階段，這時孩子比較懂事了，我開始告訴他，選了A方法後果如何，選B方法又會怎樣，然後讓他自己選，一旦他決定，就照他的選擇做，即使他選的方式不好也要讓他做，做完之後再和他討論，如果結果不是他滿意的，是否他的選擇在考慮的觀點上哪裡有問題，如果當時可以聽父母的建議，結果是否會比較好？這麼做，主要是訓練孩子開始思考，再者，加強他心理上對父母意見的認同度。在和他討論結果時，我也很小心的絕對不帶任何指責孩子的語氣，希望教會他理性分析。

第三階段，七歲以後，這時孩子更大了，判斷能力也更強了，所以要做什麼事就讓孩子自己決定怎麼做，我做的只有引導孩子思考，想清楚怎麼做以及有什麼結果，結果是否是他要的、可以承受的。

如此三個階段訓練下來，兒子的性格愈大愈穩重，小時候的剛硬壞脾氣已收斂許多，現在已經不容易得罪人了，在處理學校活動事宜也可看出他的條理分明與幹練，看著這樣的孩子，心中實在是欣慰。

教育從瞭解開始，先掌握了孩子的性格、思維，你就能在許多事還沒發生前，事先調整預防，因材施教，從小修正孩子的習慣，引導孩子成為你希望的狀態，並把優點發揮得更好。

所以瞭解個性後，我們要做的是：

1. 善用性格特質做引導，將孩子導向正向思維，並養成好習慣。

2. 將優點擴大，幫助孩子將優勢變成強而有力的能力。

3.將問題點修正，一個人將來好不好，能否有所成就，常取決於性格，不要讓孩子的性格成為致命的絆腳石。

懂得命學的好處就是讓我們在孩子一出生即可掌握他們的個性，深入的瞭解孩子，不必花太多時間觀察，也不需等到問題產生才措手不及的找解決方法。瞭解孩子的性格，理清教養的方向，再找到適合的方法，必定可以幫助孩子培養出好的性格，修正個性上的弱點的。

下面章節將從命盤日主的十天干、出生的地支月令及十神特質中清楚解析孩子個性，幫助父母們進一步瞭解孩子。

一、從十天干看性格

要從命學中瞭解個性，首先就是認知日主天干的特質，日主宮位如盤中圈選的位置：

十神	正印	正官	日主	偏財
天干	丁	乙	戊	壬
地支	酉	巳	戌	子
藏干	辛 傷官	丙 偏印　戊 比肩　庚 食神	戊 比肩　辛 傷官　丁 正印	癸 正財

前面說過，日主代表的就是命盤中的這個人，用十個天干表示，每個天干有著不同的五行性及個性，可以用實物的方式來幫助我們理解並記憶天干，懂得天干，就能知道十種不同類型的性格及特質。

天干	五行	物象	特質
甲	木 仁慈、心軟	大樹	心腸軟、喜照顧他人、不低頭、持續力強
乙		攀藤	EQ高、策劃能力強、心思細膩、適應性佳、生命力強
丙	火 有禮、熱情	太陽	性格大而化之、脾氣急、記性不佳、不記仇
丁		燭火	第六感、直覺性強、重第一印象、慢熱、記憶力強、個性溫和
戊	土 議信用	大山	個性說一是一、包容心強、懷才不遇、慢條斯理
己		田園土	執著、保守、聰明、懷才不遇、韌性強
庚	金 重義氣	斧頭	心直口快、個性剛毅、是非分明、吃軟不吃硬
辛		飾金	個格温文柔順、氣質佳、易操心、思慮多
壬	水 聰明、有智慧	江河大海	才智高、善交際、勇於冒險、反應快
癸		小水滴	沉著善忍、應變力強、適應力極佳

甲（陽木）：仁，大樹

1.十天干之首，領導慾強，個性不服輸，不喜歡受人約束，不甘心屈於人下，所以給人永不低頭之感。

2.有毅力，剛直，意志堅強。

3.腳踏實地，刻苦耐勞，不喜歡隨意變動。

4.心地善良，心腸軟，怕眼淚，易被利用。

5.可承擔責任，懂得照顧別人，保守穩重，家庭責任心強，吃軟不吃硬。

問題點：

頑固，不知妥協，不柔軟，過於剛強易折，樹大招風，有太過於干涉他人之傾向。

教養重點：

1.生活習慣的養成：木屬性的人先天肝膽、免疫系統較弱，宜養成早睡早起的良好生活習慣，對其健康有很大的幫助。

2.溝通、表達能力的培養：讓孩子學會傾聽，聽完再說意見。

像大樹一樣的甲木孩子，天生的領導者，有責任感，跟每日不斷成長的樹木一樣，一旦養成習慣，他們就會固定的去做，所以甲木的孩子帶起來是不太需要操心的，反而要提醒父母，一定要放手讓孩子自己去做，不要干涉太多。記得，他是老大，是領導者，這樣的孩子不喜歡被管，不喜歡被囉嗦，父母只要和他討論好，認同後他就會執行，父母幫他做太多或不願放手讓他自己做，反而阻礙了他天生好特質的發展。

不甘屈於人下，不會彎腰屈膝更不會說對不起的甲木，在人際關係上極為吃虧，所以從小父母就要培養他應對、溝通及人際關係處理的能力，如能學會謙虛，懂得服人示弱，不傲慢，對於做事保守、堅持又是硬底子專業人才的甲木，會是個成功的創業家。

大樹底下好乘涼，甲木習慣照顧他人，心腸太軟，加上又有一顆善良的心，最怕看到人掉眼淚，卻也會因過度仁慈而讓自己受苦，所以父母要從小訓練甲木孩子幫助別人要用智慧，不是覺得別人可憐就幫，也要用對方法幫，否則有些時候不僅增加自己的麻煩，也讓別人養成依賴的壞習慣。

乙（陰木）：仁，小草，藤蔓

1.為柔弱之木，心思細膩，善規劃，謀略高。
2.溫和謙柔，較為沉著內斂並懂得順勢而上，有彈性。
3.內心韌性極強，適應力佳，故身處逆境亦可以生存。
4.應變能力強，不堅持己見，EQ高。

問題點：

依賴性強，自信不足，內心精明，但會違背自己的心意與周遭妥協，較禁不起誘惑。

教養重點：

1.生活習慣的養成：跟甲木一樣先天肝膽、免疫系統較弱，宜養成早睡早起的良好生活習慣，對其健康有很大的幫助。

2.隨時提點專注目標：乙木的孩子心思細，善觀察，好奇心強，什麼都想學，什麼都想做，容易樣樣通，樣樣鬆，所以要常將其專注力拉回主要的學習上，才不至於荒廢所學。

攀藤一樣的溫柔乙木孩子，乖巧貼心，不多話，行事喜歡默默進行，父母要花點心思觀察，否則，是不會知道他在外面發生什麼事的。柔軟的攀藤生命力極強，只要有基本的生長條件，到哪都能活得很好，所以乙木的孩子只要培養好基本能力，長大後不管在哪都能生活。但如果希望乙木的孩子有大成就，從小就要好好培養他的專一性和專注力了，因為他常左右逢源，適應力、人緣又好，不管做什麼好像都還行，但人的精力是有限的，多頭馬車，最後容易一場空，所以乙木的孩子只要堅守專一從事一項工作的原則，一定會很好的。

甲乙木日主的孩子，是規律性極強的屬性，就像植物的生長，只要把習慣建立起來，他們就會一步一腳印地成長，鎖定一個專業好好學習，不隨意更換，一般都能有所成就的。

丙（陽火）：禮，太陽

1.性格大而化之，待人處事，較不拘小節、不鑽牛角尖，亦不拘泥於瑣事。
2.直爽、親切、寬大、熱情有禮，有口無心。
3.性子急，易衝動，易發脾氣，卻也收得快；行動快，說話速度也快、精力充沛。
4.選擇性記憶，為忠實聽眾，但易這耳進那耳出，聽完就忘。
5.走到哪裡熱力就散發到哪裡，易吸引他人注意，成為焦點。

問題點：

性急，衝動，易三分鐘熱度，記性不好，常心不在焉，太過黑白分明，性情飄忽不定。

教養重點：

1.運動習慣的養成：丙火日主天生心、血管、循環系統較弱，如能養成運動的習慣將有助其健康。

2.學會控制情緒，冷靜處理事情：丙火脾氣說來就來，一生起氣就容易衝動行事，等氣消了才發現把事情搞砸，學會情緒管理對火屬性相當重要。

像太陽一樣的丙火孩子，是個開心果，很容易讓身邊所有的人都感受到他的熱情與活力，給人大而化之的感覺。愛熱鬧，人人好，沒有心機。不過太陽除了光和熱能以外是接觸不到實際物質體的，火燒完就沒有了，所以丙火孩子常看過、聽過即忘，記憶力不佳，或是出門前不在眼前的東西就會忘了帶，所以父母要讓他養成事前規劃準備的習慣，比如前一晚收拾好第二天要帶出門的東西或是隨時記錄行事曆的習慣，可以很好彌補容易遺忘的問題。

丁（陰火）：禮，燭火

1.有禮貌，知禮敬長，為人熱心，喜歡照顧關懷別人，且熱心公益。

2.外表沉穩，內心急躁，悶騷型。

3.第六感、直覺性強，能洞察人心，重視第一印象且會冷靜觀察，看別人很準確，但往往看不清楚自己的事。

4.思考細膩，温和、保守，行事謹慎。

問題點：

太重第一眼的感覺，第一印象不對即對此人此事先入為主，用情緒處事。

教養重點：

1.運動習慣的養成：跟丙火日主一樣，天生心、血管、循環系統較弱，如能養成運動的習慣將有助其健康。

2.學會冷靜，生氣時不要急著處理事情。

3.控制情緒，不要用感覺做事。

如蠟燭一樣的丁火，常常能在黑暗處照亮別人，所以看事、看人的直覺性特別的強、特別的準，但唯獨看不到蠟燭本身，對自己的事反而看不清楚，所以從小加強他理智分析事情的能力尤為重要，才不至於因情緒的喜好做出不適當的決定而招致失敗。

不同於丙火的大而化之，丁火的人性格細膩，記憶力也特別的好，所以在學習上可以選擇需要這樣特質的專業，必可有所發展。

無論丙火或是丁火日主，性子急，脾氣來得快去得也快，火的特性一燒起來，是不分東西南北的，所以火日主的人脾氣一上來就常不管不顧，不計後果，因此常得罪人，也容易衝動壞事，從小最好幫助他養成生氣時不處理事情的習慣。如果孩子還小，當他發脾氣時，不用大聲制止，父母可以把小孩帶到沒人的角落，尤其是在公眾場所，等他靜下來再講道理，慢慢的，孩子就會學父母冷靜的樣子、學會控制情緒，長大自然不會因為天生的急脾氣壞事了。

戊（陽土）：信，大山

1.固執不自覺，易堅持己見，慢條斯理，能貫徹信念。

2.實實在在，穩健踏實，嚴謹耿直。

3.個性一板一眼，有事就說，不會修飾。

4.有耐性，容忍性強，寬大為懷的心胸，為人重誠信，守諾言，憎恨不守信用的人。

5.默默耕耘，可惜經常不受賞識，故常有懷才不遇之感。

問題點：

固執，融通性差，不易改變想法及做法，較無彈性，不主動，自信心不足。

教養重點：

1.飲食習慣的養成：戊土日主先天脾胃功能較弱，養成定食定量及固定時間用餐的習慣，有助其健康。

2.學習表達自己的想法。

3.學會用不同角度分析對事情的看法。

像大山一樣的戊土孩子，性格就和山一般的如如不動、穩重厚實，所以行動緩慢，一板一眼，較無法臨時變通，故而對父母馬上要求執行的命令常反應不來，不知該如何處理，萬一又遇到性子急的父母，戊土孩子常被處罰的狀況也就可想而知了。其實戊土孩子做事不馬虎、又肯做，只要父母事先告知，給他心理準備以及思考的時間，他就會做得很好的。

山裡的動物、植物生態無所不包、無所不容，反映了戊土性格上的包容、大肚。但畢竟土是被踩在腳下的，人在路上走動視為理所當然，卻不一定會去注意路的狀態，所以土日主之人常有被忽略、懷才不遇之感慨，更加深了自信的不足，所以從小父母要多鼓勵讚美，讓他認知自己的優勢、優點，增強自信。

己（陰土）：信，田園土

1.固執不自覺，易堅持己見，包容性強。

2.精明能幹，理解力、吸收力強，有才華，有才藝，溫和善良，重誠信，守諾言。

3.穩重，外表溫和，內帶猜忌且叛逆，缺乏安全感，常感懷才不遇。

4.用功，懂因應變化、進退之道，處事能力強。

問題點：

缺乏安全感，保守，沒有主見，易被左右，消極，易妥協，必須注意不要被人利用。

教養重點：

1.飲食習慣的養成：和戊土日主一樣先天脾胃功能較弱，養成定食定量及固定時間用餐的習慣，有助其健康。

2.學習表達自己的想法。

3.學會用不同角度分析對事情的看法。

己土為田園土、濕土，含水量大，水主智，所以己土日主的孩子很聰明，可塑性強，就像黏土一樣易於塑造，耳根子軟、適應力強，包容力大。但和戊土一樣，土就是土，也常感懷才不遇，個性一板一眼，戊土的孩子慢慢商量還說得動，己土日主一旦下了決定，就像黏土燒製成成品之後一樣，不會再變形，所以己土的執著性極強，性格也更固執、堅持，如果不是自己想通、想改變了，父母很難改變他。

戊己土日主的孩子雖然要用鼓勵的方式帶，父母鼓勵的方式卻要留心不要是虛無的稱讚，而是要確切的稱讚好的部分，比如孩子畫了一幅好畫，不是只有虛無的稱讚他畫得好，而是稱讚他線條畫得好還是配色配得漂亮等等，讓他知道他真正的優點是什麼，這麼做，同時也培養了他對自己的自信心。

土日主思考邏輯較為一板一眼，常無法理解別人的想法，父母可以用同樣一件事情從各種不同角度訓練戊己土孩子分析利弊得失，讓他們學會理解別人的看法，才不會一直困在自己的想法中覺得別人不理解他而難過，同時也能夠更好的與人合作，增進人際關係。

父母也要從小培養戊己土孩子表達自己的想法和意願，因為土屬性不容易被人看到他的優點，就像一盆漂亮的花，人們稱讚的永遠是花的美，而不會想到是因為有肥沃的土才能養出漂亮的花一樣，但如果孩子懂得適時的表達，自然別人就會容易注意他而不至於被埋沒。

庚（陽金）：義，斧頭

1. 講義氣，是非分明。果斷勇決，不畏困難，不畏強權，作為強勢、乾脆，不服輸。
2. 言行直來直往，有話直說，不喜歡拐彎抹角，對事件的批評單刀直入，容易得罪人。
3. 個性不拘小節，眼光犀利，感覺敏銳，氣魄佳。

4.目美音佳，外表貴氣。

5.没有心機，對事親力親為，積極，通常白手起家。

6.性急、不貪人便宜，不欠人人情，吃軟不吃硬。

問題點：

衝動，粗枝大葉，常忽略細微處，不留情面，易樹敵，對朋友過於講義氣容易被人利用。

教養重點：

1.學習說話的藝術，柔軟些，多想，話慢點出口。

2.學會用不同的角度看事情，自然說出的話會多點考慮，不容易傷人。

3.學會分辨好、壞朋友，並懂得拒絕。

大斧頭一樣的庚金日主，性格直來直往，就像斧頭砍樹，大力的揮刀而下，又像刀刃，鋒利、堅硬無比，是個講義氣的好朋友，為朋友兩肋插刀在所不惜，但卻不喜歡欠人人情，所以常常吃虧，三國中的關雲長就是很典型的庚金代表。

庚金的孩子做事認真，認定的事就會義無反顧，所以從小養成的觀念，長大了也不容易變，比如小時候他認定抽菸不好，大了依然會排斥抽菸這件事，所以父母從小就要注意給的觀念及教他的事是否正確，會不會誤導孩子。

辛（陰金）：義，飾金、金銀珠玉

1. 重義氣，注意細節，眼光犀利，感覺敏銳細膩，不喜歡欠別人人情。
2. 溫文儒雅，有氣質，貴氣，親切，口才佳。
3. 略帶神經質，對事情的批評會拐個彎，較庚金柔性些。
4. 八面玲瓏的人，但內心好惡分明。
5. 一生為金錢煩惱（有錢、没錢都擔心）。
6. 對事情想太多，假設太多，煩惱過度，較無力承擔。
7. 容易輕易答應別人，決定事情太快，考慮不周而吃虧。

問題點：

自尊心強，任性，堅持己見，重朋友，無法拒絕別人而使自己很辛苦，自制力、意志力薄弱。

教養重點：

1.學會放下擔心，找突破點。

2.學會拒絕。

辛金不同於大開大闔的大斧頭庚金，是精雕細琢的漂亮飾金，所以典型的辛金外表氣質極佳，貴氣、有雙漂亮眼睛，但也因反覆雕琢，辛金的性格思考上較為反覆，思慮太多，擔心太多，看事顯得悲觀不易下決定。所以如何調整思考習慣，三思而止，放鬆心情，不過度擔憂是辛金一生的功課，父母可以從小就幫助他們養成決定好的事情就做的習慣，不要陷在擔心的情緒中。

庚辛金日主的孩子跟土日主有一點相像，就是對於臨時的改變或被下達要馬上

執行的命令是沒辦法反應的，他們需要一些時間準備和消化，所以要金屬性的孩子做事，一定要事先告知，否則就容易和父母起衝突或有情緒化的反應。

教養金屬性的孩子，只要瞭解了他們的習性，是非常好帶的，庚辛金孩子不輕諾，只要他們答應的事情，再辛苦，他們也會做，所以只要讓他們說出：好，我會做。這幾個字，基本上就沒問題了。

屬金的孩子一定要讓他們學會去交值得交往的朋友，而不是對他好的人就對對方掏心掏肺，因為他們太重朋友了，交到壞朋友，影響極大，所以要多留心孩子在外面的交友狀況，可以多聽他們分享與朋友互動的過程，教會他們選擇品行好的朋友。

壬（陽水）：智，大海

1. 才智高，理性，反應靈敏，大膽，適應力及韌性一流。
2. 包容性強，不執著，學習力強。
3. 交際廣，人緣佳，臨機應變能力很強，能見風轉舵，善於商業經營，事業容易有成就。

4.個性不服輸，定性差，做事大而化之，企圖心強。

5.聰明，野心大，只相信自己，較不接受別人意見，常聰明反被聰明誤。

問題點：

不喜歡束縛，定性、堅持力差，聰明反被聰明誤，人生容易大好大壞。

教養重點：

學會保守、專注於一件事。

壬水日主，聰明、大器、衝勁足，敢冒險，就像江洋大海一樣，奔流不息。但由於衝得太快，容易丟三落四的。因為聰明，小時候只要不貪玩，書都讀得不錯。但也因為聰明，怕挨罵，做錯事除非當面揭穿，否則是不會承認的，所以父母要特別留心水日主的行為規範。

癸（陰水）：智，小水滴

1.個性善忍，悶葫蘆個性，足智多謀，不拘小節，善謀略。
2.聰明，勤奮，巧於臨機應變，有遠見，交際廣，人緣佳。
3.立場不易表分明，易適應環境，會順勢而上，不容易相信別人。

問題點：

較拘泥，容易悲觀，操心太過，對不重要的事也會很在意，思慮太多，以致於疑心重。

教養重點：

學會保守、專注於一件事。

小水滴一般的癸水，滴水穿石，耐性、忍耐度、堅持度極佳，也是個時事家，喜歡瀏覽時事資訊，同時，水主智，也是相當聰明的屬性，加上其耐性和堅持，所以經營事業很容易成功。

水無常形，所以壬癸水日主性格多元，適應力極佳，處於什麼樣的環境就像什

麼樣的人，在哪都能過。水只要有縫就能鑽，所以腦筋靈活，點子特多，思緒也快。也因為聰明，很難信任別人，除非讓他覺得對方能力很強，比他厲害，他才會心服。

在學習上，水日主學得快、學得多，同時也就比較不專心、不專精，什麼都會一些。所以父母在帶水日主孩子時，要常把他的專注力拉回來，不要貪多，主要的事情要先做好，但也不宜過度限制，最好的方式就是規範在一定的範圍內就好，不宜太緊或太鬆。比如他已做完他該完成的功課後，其他的時間讓他自由發揮，去做他想做的事不再干涉。或是要他幫忙做家事，告訴他中午十二點前完成，規定時間內做好就好，至於幾點做、怎麼做就讓他自己決定。

也因為聰明，讓水日主的人可以把一塊錢當兩、三塊錢用，所以運勢好的時候成功速度相當快，成就也大，但聰明反被聰明誤，出問題時，通常速度也是又快又猛，屬於大成大敗型，因此從小也要養成他們在順境時更要謹慎行事、未雨綢繆的習慣，不要過度擴張。

二、從十二地支看內在性格

地支總共有十二個：子、丑、寅、卯、辰、巳、午、未、申、酉、戌、亥。

每個地支和天干一樣也都有其陰陽、五行所屬，同時也代表著不同的時間及意義，可以用十二生肖的聯想來幫助我們理解地支。

地支在月令的宮位顯現了命盤主人的內心世界，這是要親近的人才知道的個性，就是盤中所圈選的宮位，懂得地支，就能知道十二種不同類型的內在性格及特質。

十神	正印	正官	日主	偏財
天干	丁	乙	戊	壬
地支	酉	巳（圈選）	戌	子
藏干	辛 傷官	丙 偏印、戊 比肩、庚 食神	戊 比肩、辛 傷官、丁 正印	癸 正財

每個地支的特質如下：

地支	五行	陰陽	月份	時辰	生肖	特質
子	水	陽	11	23～1	鼠	聰明，機靈，膽小，善變
丑	土	陰	12	1～3	牛	耐力強，堅定，任勞任怨
寅	木	陽	1	3～5	虎	勇敢，能幹，耐力，爆發力強
卯		陰	2	5～7	兔	嬌弱，機警，保護色強
辰	土	陽	3	7～9	龍	神祕，自負，個性捉摸不定
巳	火	陰	4	9～11	蛇	多疑，善辯，心思細密
午		陽	5	11～13	馬	好勝，性急，大膽
未	土	陰	6	13～15	羊	謹慎，柔和，膽小，孝順
申	金	陽	7	15～17	猴	機靈過人，性剛，善模仿
酉		陰	8	17～19	雞	服務，積極，熱忱
戌	土	陽	9	19～21	狗	忠誠，善良，執著
亥	水	陰	10	21～23	豬	明理，智高，內心常想不開

子月（鼠）：五行為水，主智，聰明，機靈，膽小，善變

1. 善於保護自己，個性反覆，容易猶豫不決，捉摸不定。
2. 機警狡猾，聰明絕頂，太會盤算，易聰明反被聰明誤。
3. 膽小，警覺性高。

子在十二生肖中就是老鼠，鼠是十二生肖裡最小的動物，卻為地支之首，可見其聰明的程度凌駕於其他生肖。

由於體積小，所以膽子小，警覺性極高，不容易相信他人。老鼠的生命力是很強的，在全世界的每個角落，幾乎是無孔不入，無洞不鑽，無論在什麼惡劣的環境，都可以生存，因此子月孩子的適應力、生命力都很強。

以時間來看，子時為晚上十一點到隔天上午一點，是一天最晚（陰）和最早（陽）的時間，介於陰陽之間，所以子月生的人亦陰亦陽，性格猶豫不決，遇事較難決斷，怕所做之決定不是最有利的，常錯失機會。

所以教養子月的小孩，訓練他事情決定了就做，不要後悔，遇事處理不逃避，慢慢調整猶豫不決的性格，可以幫助孩子不要常處於後悔的心理狀態，將來在事業上也比較容易定根。

丑月（牛）：五行為土，主信，耐力，堅定，踏實

1. 本性善良，老實，耐力好，堅持。
2. 任勞任怨，苦幹，勤勞，腳踏實地。
3. 喜歡安定，渴望有安身立命之處。
4. 固執，主觀（只要認同後，做事非常認真）。

丑月孩子像牛的性格一般，任勞任怨，肯做事，埋頭苦幹，但屬土，和戊己日主一樣，別人比較看不到他們的付出，也較沒有自信，所以父母要常給予肯定與鼓勵。

牛有四個胃，會反芻，吃東西習慣直接吞食，有空再慢慢吐出來咀嚼，反映到

丑月生的人，被要求做事時不加思索馬上執行，做完後才發現問題而有怨言，所以父母要訓練這個月份出生的孩子，做事前就要先想清楚再做，做了就別後悔抱怨。

寅月（虎）：五行為木，主仁，勇敢，能幹，耐力、爆發力強

1. 好動，愛自由，勞碌命，閒不住。
2. 不服輸，喜歡獨來獨往，不喜歡被人管，森林裡的王。
3. 自我期許高，屬完美主義者。既能幹又肯做事，不怕勞苦，沉著內斂，不會推卸責任。
4. 象徵行動力、開創力。
5. 脾氣不好，不喜歡囉嗦。

寅為虎，是山中的王，極不喜歡受人管束，喜歡當老大。在五行為木，有一顆仁慈的心，吃軟不吃硬，所以寅月生的人即使表面上看起來很兇，很有威嚴，其實是紙老虎，嚇人而已，因此，寅月孩子只要好好講，用軟性溝通即可。

如果在山裡遇到肚子餓的老虎，就是死路一條，所以教養寅月的孩子，要求他做事、讀書、做功課或討論事情前，最好先把他餵飽，否則他不是没力氣用心聽你說話就是脾氣煩躁，無法好好說事。

卯月（兔）：五行為木，主仁，嬌弱，機警，保護色強

1. 智慧高，完美主義者。
2. 有衝勁，狡猾善變，機警，閒不住，防衛心強。
3. 有人緣，文靜，喜愛乾淨，有潔癖，心地善良。
4. 第六感強，直覺性敏銳，眼睛銳利，第一眼覺得不好就不太理人，故讓人覺得眼光高。

卯是溫順可愛的兔子，所以卯月生的人看起來不具攻擊性，娃娃臉，看起來比實際年齡來得小。因常要防禦肉食性動物的攻擊，兔子具有高度的警覺心，動作也極敏捷，所以卯月孩子做事速度快，眼光高，對周遭環境警覺性強，同時也和兔子

一樣膽子小容易受驚嚇，害怕父母的大聲斥喝，建議父母用温和的交談方式對待卯月孩子，比較不會在孩子的心理上留下陰影。

辰月（龍）：五行為土，主信，神祕，自負，個性捉摸不定

1.思想天馬行空，變化快，點子多，聰明。
2.個性千變萬化，常給人神龍見首不見尾的神祕感。
3.眼光高，不喜歡人管，喜歡當老大，內心世界不容易被察覺。
4.主觀，固執。

龍是一個幻化的生物，不管在中國或其他地方，對龍的形容都是神祕和力量的象徵，在中國更是王的代名詞，所以辰月出生的人，神祕、天馬行空、主觀強，更不可能受制於人。與人交談時講重點不喜歡囉嗦，所以帶辰月的孩子適宜用引導、討論的方式，喜歡說教式的父母，只會讓辰月的孩子躲著你，離你愈來愈遠。

辰月的孩子相當聰明，如何帶領他把天馬行空的想法落實做出成果，父母可得

好好花點心思，別讓孩子止步於空想，好好訓練，孩子會有很好的未來。

巳月（蛇）：五行為火，主禮，多疑，善辯，心思細密

1.性子急，不服輸，行動快，沒有持續力。
2.觀察敏捷，心思細密，好辯又好訴訟。
3.外表冷漠，內心如火，猜疑心重，警覺性高，冷靜沉著。
4.熱情，好客，對喜歡、談得來的人很熱情，可促膝長談，但對不熟之人冷淡待之。
5.主觀太強，很難約束。包容力大，但被觸怒之下反撲力強。

巳月的孩子像蛇一樣，外表看起來冷冷的、不易親近的樣子，實際上是他的保護色，熟了之後是個無話不談、什麼都能聊的人。而蛇的特性，只要不惹到他，他也總是客客氣氣的，但被激怒時會狠狠反咬的。這表現在溝通上，巳月的孩子往往在言語交談中是不能輸的，一定要講到別人無話可說為止，但有時贏得了面子卻輸

了裡子，這是巳月生人常犯的問題，所以父母要教會孩子適時的表達，同時也要尊重別人的想法。

午月（馬）：五行為火，主禮，好勝，性直，膽大

1.脾氣拗，好勝心強，喜聽好聽話。
2.個性急，性直，心腸軟，耳根輕，易受人影響。
3.樂觀，善交際，對朋友熱情，有人緣。
4.好惡分明，喜怒形於色，易招惹是非。
5.喜歡將事情提前做好，碰到臨時事件時易亂方寸。
6.受到刺激時，脾氣一發不可收拾，易受人煽動。

午月的孩子像馬一樣，愛好自由，好勝心強，脾氣急。我們常說要拍馬屁，這個月出生的孩子喜歡聽好聽話，所以要他們做事有兩個辦法，一是說好聽話、稱讚他；二是用激將法。他們性子急，一發起脾氣就什麼都不管不顧了，從小要讓他們學會生

氣時冷靜處事，不然努力的成果很容易因一時脾氣而做了讓自己會後悔的決策。

未月（羊）：五行為土，主信，謹慎，柔和，膽小，孝順

1.主觀重，固執，個性膽小，沒有安全感，一絲不苟，行事謹慎。

2.注重外表，重感情，為人親切，富人情味。

3.孝順，但不知如何表達，不喜歡別人批評自己的父母親。

4.鑽牛角尖，追根究底，打破砂鍋問到底。

5.喜歡別人認同自己想法，卻不明說己願。

未月生的孩子像羊一樣溫馴、膽小，加上孝順的本性，不太會變壞，也不會讓父母太過操心。追根究底的個性讓他們對很多事充滿好奇心，這個特質加上細心謹慎，滿適合做研究工作的。

但這個特質如用在人際溝通上，會有太過探究他人隱私而讓人覺得不被尊重之感，這也是未月生人要注意的。

申月（猴）：五行為金，主義，機靈過人，性剛

1.急性，脾氣不好，重朋友，講義氣。

2.善模仿，學習能力強。

3.好動有衝勁，但常三分鐘熱度，沒耐心，想到就做，較沒心機。

4.觀察力敏銳，心思細膩，富機智，做事乾脆俐落，能力強。

5.說話直接、銳利，嘴快，喜歡講重點，易傷人卻不自知。

申月孩子就像猴子一樣敏捷，討厭拖拖拉拉，學東西的速度很快，會讓父母操心的就是他們耐力不足的問題，常常三分鐘熱度，持續力不佳。

家裡有申月的孩子，和庚金孩子一樣，父母也要時時提醒他們說話慢一點，想一下再出口，否則常讓同儕誤解，在人際上很吃虧，加上他們對朋友又很好，極講義氣，因此常被朋友傷了心，所以學會有智慧的說話和處理人際關係也是申月孩子的功課。

酉月（雞）：五行為金，主義，服務，積極，熱忱

1.講義氣，悲觀，急躁，熱心，喜歡服務人群

2.很有審美觀，自尊心強，喜歡被讚美。

3.第六感強，神經質，在乎別人的看法，很重視感覺。

4.不會拒絕別人的請求。

5.很有愛心，做事投入，講話欠思考，有時說話也容易傷人而不自知。

家裡有酉月的孩子，父母會覺得很貼心，因為熱心的他們會幫著父母忙東忙西。他們也很願意幫助朋友，只要朋友開口就一定幫到底，從不會考慮自己做不做得到，也許是孩子太願意付出，有時朋友們反而不珍惜，這也讓他們很受傷，所以父母要教會孩子幫忙別人也要用智慧，幫在重要的點上就好而不是事事都幫，不是真的需要幫忙的事以及自己做不到的要學會婉拒，既是保護自己也是讓別人懂得珍惜他的付出。

戌月（狗）：五行為土，主信，忠誠，善良，執著

1.忠實，信用佳，善良，固執，重感情，對認同的人特別照顧。

2.易突發奇想，率性而為，而有驚人之舉。

3.不為環境而改變，認定的人與事，從一而終。

4.好惡分明，十分謹慎，戒心很強，不隨便相信人。

顧家的戌月孩子，通常不會讓父母太過操心，該做的事自己會做好，只是在個性上比較執拗，認定的事，父母也不容易去改變，即使長輩不同意他也會默默進行，所以只要從小養成正確的是非觀，長大了就不需擔心。

亥月（豬）：五行為水，主智，明理，智高

1.聰明有智慧，明理，口才好，好辯。

2.外表剛毅，內心脆弱，性格矛盾，常把事情放心裡。

3.注重原則，個性內向，完美主義。

亥月的孩子相當聰明，但內向的個性，並不愛表現。由於聰明，很多事看在眼裡，雖不說出，心理卻有自己的定見，但面對他人的期望，只要他認為別人也有道理時會委屈自己去做，所以心裡常有很多的苦悶。父母面對亥月的孩子，不要以為孩子聽話、乖就好，要常和他聊聊天，幫助孩子適當地表達並找到紓解內心壓力的方法，預防心理上出現狀況，不然等有問題發生就不好處理了。

＊十二個月份的教養小祕訣：

子—訓練他下決定後別反覆，才不會一拖再拖沒有結果

丑—學會思考後再執行，做了就不要後悔

寅—好好說，先餵飽再談事

卯—先處理情緒

辰—讓他先說，再幫他整理，引導思緒

巳—別和他爭，下指令就好

午—學會冷靜後再做決策

未—訓練抓大方向，別鑽牛角尖

申—學會快中有序，話慢慢說

酉—幫助人要用對方法

戌—引導思考

亥—學習表達自己

三、十神特質

命盤中所帶十神是天干組合產生的特性，同一個日主，會因不同的十神組合，在個性上有所差異。比如甲木日主本來就是領導者，如命盤中十神帶官殺，那麼統御能力與企圖心就會更加明顯。如果是帶食神傷官的甲木，反而是個特別心軟好說話的領導。所以十神展現的特質是非常直接明顯的，而且影響甚大。看懂十神，就可看懂孩子大部分的性格，掌握好跟孩子的互動。

十神在命盤上的位置如下圖所圈選的部分：

十神	正印	正官	日主	偏財
天干	丁	乙	戊	壬
地支	酉	巳	戌	子
藏干	辛 傷官	丙 偏印、戊 比肩、庚 食神	戊 比肩、辛 傷官、丁 正印	癸 正財

十神共有五組十個：比肩、劫財；食神、傷官；正財、偏財；正官、七殺；正印、偏印，詳述如下：

【比肩】、【劫財】

特性：重視朋友

情感因擾

社交能力強

競爭

做事積極

不認輸、好勝

不會拒絕，不懂得說NO

比劫的人不喜歡一個人做事，喜歡呼朋引伴，極重視朋友，所以交的朋友就非常的重要，是那種有好的同儕、好的學習環境就容易學有所成的特質。因此，注意比劫孩子的交友情況，並讓他學會結交品行好的朋友，當朋友有不適當或不合理的請求時要學會拒絕，才不容易因交到壞朋友而學壞。

比劫孩子容易處於競爭的環境，常要面對競爭，加上好勝的性格，要小心當結果不如預期時而自暴自棄，幫助孩子學會如何面對失敗並在不如意中得到智慧及成長相對重要，別為了贏而賠上所有，也要學習如何在競爭中發揮所長及獨特性來擁有良好的競爭力。

【食神】

特性：樂觀

不喜歡與人爭

沈穩、優雅、有耐性

溫和有風度

聰明、學習能力強

食神孩子溫順貼心，要他們做事也會按時完成，學習上也能按部就班，肯努力，是不會讓人太擔心的好孩子，溫文沒有攻擊性的個性常能獲得好人緣。

對樂觀的食神孩子來說，天塌下來也有高個子頂著，加上生活上也沒什麼不順心，所以凡事慢慢來，時間到會完成就好，不過最好養成提早完成事情的習慣，因為在平時沒什麼大問題，但運勢不好時往往容易在臨門一腳時出狀況，如能提早些也可有應變的時間。

【傷官】

特性：理解力強

聰明、頭腦清晰敏銳

有個性、有自己的想法，完美主義

能言善辯

有自信

博學多識

傷官是一個感性的十神星，命盤傷官的孩子心思細膩、敏感，事事以感覺為先，感覺對了什麼都好，感覺不對就是情緒化的處事了，所以帶傷官的孩子要培養他對情緒的處理能力，不管對人還是對事，不要因情緒的影響而讓自己把事情愈弄愈糟。教會傷官的孩子處理好情緒問題，就已經給了他成功的立基了。

能懾服傷官孩子的是合乎邏輯的道理，對於覺得不合理的傳統教條規定，他們很勇於抗爭，而且直言不諱的性格，常讓人下不了台，所以在與傷官孩子溝通上可把握幾個重點：

1.不要在孩子鬧情緒時溝通，可以等他情緒平緩後再好好談，不用急，也不需太過安撫他，如果孩子願意說，聽他說表示理解就好，如果不想說那麼給他時間平復即可，等他情緒過了才是講理的時機。

2.在和緩、溫馨的氣氛中，用感性或聊天的方式交談。

3.多聽他說，引導思考，而非命令。

總之，帶傷官的孩子，搞定情緒為先，同時也要訓練他們說好話，否則情緒不好時常會說出令人後悔的話。

【正財】

特性：正派、誠實
穩重、謹慎
有正義感
重視金錢

帶財的孩子，較有歡喜心，不管正財還是偏財都一樣，愛笑、愛玩，人見人愛，容易與人拉近距離，也是父母的開心果。正財的人個性保守，謹慎，尤其對金錢的態度，要引導這樣的小孩懂得適時的分享才不至於流於吝嗇。

命盤帶財是好事，但若在年柱，因為愛玩不專心，學習階段會讓父母傷腦筋。大一點時也容易因玩樂或打工而分心，比較定不下心學習，父母可以從小幫孩子養成看書的喜好或讓孩子覺得學習是有趣、好玩的，這樣他們會比較願意花時間學習，寓教於樂是帶財的孩子最好的學習方法。

【偏財】

特性：性子急

能把握機會

樂觀

不執著

性格坦率

看錢不重

帶偏財的孩子和正財一樣，有歡喜心，愛笑、愛玩，容易與人拉近距離，學習階段要注意不要因玩樂或打工影響了學業，從小養成讀書習慣或用寓教於樂旳學習方式。

但性格上正、偏財完全相反，金錢觀上正財一絲不苟，偏財則看錢不重，對錢不太在乎，喜歡就花。對事亦不執著，面對挫折能比較快走出來，天生的樂天派。要注意別讓孩子養成浪費的習慣，同時培養良好的理財、價值觀。

【正官】

特性：沉穩

重視面子問題

重信用，光明正大

保守

有責任感

正官的孩子教養上問題不大，屬於好帶不麻煩的，他們聽話、好溝通，只要好好講就行，但要注意在外人面前別讓他下不了台，不然他會倔到底。正官是有責任感的，父母要善用這一點，賦予責任，幫助他成長，在交付責任的同時也要觀察他做事的狀況，別讓過大的壓力造成反效果。

正官最大的問題是太好面子，怎麼樣教會他們別因面子問題而壞事或做不該做的事是父母要好好從小引導的。

【偏官】（七殺）

特性：不服輸，性子急

敢愛敢恨

積極、執行能力強、行動派

會想盡辦法達成目標

責任心強

七殺的小孩掌控性強，喜歡當頭，是很好的領導者，要留心是非觀念及能力的培養，從小幫助他建立強烈的是非觀念，做事堅守不傷害自己和他人的原則，並養成遇事冷靜不衝動的習慣，因為這一型的孩子只要確認目標就往前衝，只看大方向，不重視細節，會用點手段，有時衝過了頭，所以常惹事的也會是他。如果讓其掌控性、不服輸的個性無限發展，養成欲達目的不擇手段的習性就不好了。

跟正官的性格一樣，父母可善用其責任感強的特質幫助孩子成長。七殺的孩子陪他一起設定好目標，不需過多的干涉，關心就好，只要是他想做的一定使命必達，尤其是命盤同時有比肩、劫財的孩子，簡直就是天生比賽型選手，只要有競爭一定要拿第一，不容許自己表現不好。但父母要注意孩子的心理狀況，這一型的孩子也很容易給自己過大的壓力，一旦承受不了，孩子容易想不開、自暴自棄。

七殺孩子很有自己的主見，不喜歡被管束，更不喜歡別人一直重覆講相同的事，他會覺得，爸媽別煩、別囉嗦了行嗎？所以只要溝通事件、告訴他要他做的事，引導他要的結果，等他認同了，賦予責任和信任即可。

和這樣的孩子溝通時不要用命令的語氣，這樣只會造成親子間的對峙，當他認同並執行時，也請父母絕對不要插手，只要等結果就好，若是結果出來不盡如你意，請孩子提出修正辦法，記得是請他想辦法而非告訴他怎麼做，除非他主動詢問。

七殺孩子並不需過多的干涉和保護，你的干涉和保護只會製造親子間更多的衝突，他需要的是你的信任，還有適時稍微的提醒去修正他的問題就好。例如只要讓他認同學習是他的責任，他就會自己做好學習這件事，父母只需瞭解狀況，比如考不好時，問一下怎麼了？需要建議嗎？再適時的運用他好強的特質，刺激一下，告訴他，你這麼棒、這麼強，怎麼沒有第一？他就會自己好好的讀書了。但孩子總有想偷懶的時候，不小心考不好時，也不需指責，稍微提醒一下，下回應該就會把成績拉回來了。

記住，這型的孩子你愈用強硬的手段，他愈是跟你硬碰硬，你只需要把責任轉移給他就可以了。

【正印】

特性：保守

沉穩

和善

依賴心強

寬容，耐力強，充滿人情味

正印是被捧在手心裡長大的孩子，尤其年柱帶正印。性格上柔順、聽話、體貼，更是長輩眼中最棒的好孩子，所以願意傾其所有，給孩子最好的一切。因其長大的背景，容易造成孩子茶來伸手，飯來張口的依賴性，遇到問題就會丟給身邊的人處理，所以帶這樣的小孩一定要培養獨立思考及做事的能力，尤其是抗壓的能力，免得將來一遇挫折就站不起來，事事要父母出面處理的狀況。

【偏印】

特性：機敏

警覺多疑

不善於與人交往

壓抑感情

喜歡強調自己的想法

和正印完全相反的偏印孩子，非常有自己的想法，天生的邏輯就是不喜歡與他人想法一樣，你要他往東他偏往西，你說A好，他會告訴你他要B。這一型的孩子，古靈精怪，反應快，有點孤僻，講話直接容易得罪人，人緣不佳，所以偏印的孩子常給長輩叛逆的錯覺。其實這類型的孩子頭腦相當聰明，反應快，創造力一流，永遠有好點子，也有藝術方面的天份，只是父母得多花些心思引導，而不是用傳統威權的教育，這樣的教育反而扼殺了偏印小孩的優點，也容易在孩子心裡留下創傷，並變得消極沒自信。

偏印的孩子邏輯能力超強，相當聰明，各位試想，孩子接收到你給的訊息，要馬上做出反應，還要跟你完全相反，這要什麼樣的思維與聰明才能做到？

而在父母的立場，要怎麼樣幫助孩子把這樣的聰明才智用到學習等等有用的地方？最好的方法就是引導孩子自己分析思考，剛開始時，一定要有耐性慢慢磨，而且要狠下心讓他去犯錯。

比如孩子要做一件事，你告訴孩子怎麼做，孩子拒絕或提出反向做法時，爸媽不用急著生氣，這時是你引導孩子分析思考的最佳時機。你可以這樣問孩子，如果用爸媽的方式做，你覺得會有什麼結果？那用你的方式做會怎麼樣？最後把選擇權給他，讓他自己決定，即使他選了你不認同的方式，依然要讓他去做，等最後結果出來了再和他討論一次當初你們討論過的，看看他現在有什麼想法。記得，當你用這樣的方式引導孩子時，千萬不可用批判的語氣跟孩子說：看吧，早跟你說了，就是不聽這類的話，而是要跟孩子平心靜氣的討論，告訴他為什麼你是這麼想的，他的做法哪裡是有問題的，希望他學到經驗。如需後續的處理，請孩子重新提出做法討論。

這樣做對孩子有兩個好處：一是訓練孩子分析事情的能力，去做有利的事，二是教孩子情緒控制，這樣性格的孩子在情緒控管上本來就比較不好，我們用身教告訴他，情緒對處理事情一點幫助都沒有，好好說話反而可以把事情做得更好。

由於獨樹一幟的性格，偏印孩子在人際上是吃虧的，也常得罪人，天生的反向思考和反向言語，常招來一堆麻煩，宜從小慢慢修正，至少要讓他懂得說話前先思考再說，才不會讓自己和他人都下不了台。

偏印孩子調教得好，都是非常出色的。

四、性格相關之案例

案例1：小鄒 男 2019年9月25日巳時

父日主乙木 母日主甲木

十神	偏財	偏印	日主	七殺
天干	己	癸	乙	辛
地支	亥	酉	丑	巳
藏干	壬 正印 甲 劫財	辛 七殺	己 偏財 癸 偏印 辛 七殺	丙 傷官 戊 正財 庚 正官

乙木日主：高EQ、心思細膩、適應力佳。

酉月：講義氣、熱心、自尊心強、神經質、重視感覺、不會拒絕他人、說話直接。

偏財：急性子、樂觀、不執著、坦率。

偏印：機敏、警覺多疑、不善於與人交往、有自己的想法。

七殺：不服輸、性子急、執行能力強、行動派、責任心強。

小鄒是個心思細膩的乙木，命盤帶偏印、七殺皆是極有自己想法、主張的性格，但由於乙木的陰柔加上陰天干的特質，不會把自己真正的想法明顯的表現出來。母親是直來直往、有話就說的甲木戊月帶殺性格，比較無法掌握小鄒的想法。同是乙木的爸爸可以清楚理解小鄒的性格和想法，所以教養孩子的過程，父親要多花些心思，養成和孩子聊天的習慣，否則上學以後，父母不會知道他在外面做的事。

命盤中財多、七殺多，都屬動態的十神，所以是個愛玩、閒不住的小孩，加上酉月的熱心、七殺的責任感，小鄒從小就是很願意幫忙家人的小助手，雖然年紀還小，大人們可多點耐心讓他動手做，慢慢教，可以將小鄒命盤中的這些好特質鞏固，加上偏印的邏輯能力和七殺的執行力，長大會成為很幹練的人。

案例2：小茵 女 2010年9月29日丑時

父日主辛金 母日主庚金

十神	偏印	傷官	日主	正印
天干	庚	乙	壬	辛
地支	寅	酉	午	丑
藏干	甲 食神、丙 偏財、戊 七殺	辛 正印	丁 正財、己 正官	己 正官、癸 劫財、辛 正印

壬水日主：聰明、才智高、善交際、勇於冒險、反應快、適應力極佳。

酉月：講義氣、熱心、自尊心強、神經質、重視感覺、不會拒絕他人、說話直接。

偏印：機敏、警覺多疑、不善於與人交往、有自己的想法。

傷官：有個性、有自己的想法、情緒化、感性。

正印：保守、沉穩、依賴心強、寬容、耐力強。

小茵是聰明的壬水日主，加上偏印和傷官的特立獨行及超強反應力，讓直爽的庚、辛金父母很難掌握孩子的想法，而且金生孩子的水，爸媽對小茵常會被予取予求，無法拒絕孩子。建議父母要學會木或土的方式來教養她，否則容易過於寵溺而無法導正孩子的習性並養成依賴性。

偏印、傷官的感性和情緒化性格，讓小茵全憑喜好及情緒處事，父母從小要教會她處理情緒，長大後才不會常因情緒問題衝動行事而做錯決策，或因事情不是照著自己的意思走而產生心理問題。

同時偏印、傷官擁有很強的邏輯思維和藝術天份，父母可從小培養小茵這方面的特長，長大會有很好的表現。

案例3：小紋 女 2013年7月6日亥時

母日主丁火

十神	比肩	正官	日主	比肩
天干	癸	戊	癸	癸
地支	巳	午	酉	亥
藏干	丙 正財、戊 正官、庚 正印	丁 偏財、己 七殺	辛 偏印	壬 劫財、甲 傷官

癸水日主：聰明、善忍、悶葫蘆個性、足智多謀。

午月：火、好勝、性直、膽大、個性急、好惡分明。

比肩：重朋友、重感情、好勝、不會拒絕，不懂得說NO。

正官：沉穩、重視面子問題、光明正大、保守、有責任感。

聰明癸水日主的小紋，十神比肩加上午月，是個急性又好強的孩子，但由於天干正官星，表現出來反而是四平八穩慢慢來的狀態，這讓丁火性急的媽媽會常覺得火大，可是小紋的癸水又剋制媽媽的丁火，所以會造成母女間的衝突。其實小紋月令內在是七殺星，很有責任感也相當獨立，天干正官加上比肩，是不會允許自己表現太差的，媽媽可以放下擔心，只要小紋認知該做的事，自然會做好。

陰柔的癸水外加求表現的正官、好強的午月、比肩，會讓悶葫蘆的小紋不輕易透露自己的真實想法，也不喜歡多話，父母要多留心孩子的心理狀態，甚至在學校要當心孩子給自己太大的壓力而有心理上的問題。

第三篇

學齡前兒童（0～6歲）的教養

第三篇

學齡前兒童（0～6歲）的教養

現代父母生養孩子，常面臨各式各樣的問題與壓力，經濟、孩子照顧、教養等等，尤其是雙薪和單親家庭，時間上無法親力親為照顧孩子，面對的問題更多。這些問題是交疊在一起的，很多夫妻兩人皆有工作的家庭必須藉助專業褓姆或是請長輩幫忙照顧孩子，當然，和孩子相處時間就不會太多，這當中常會產生幾種狀況：

1.照顧者所專注的是孩子的生活起居，只要孩子乖乖吃飯、睡覺，健健康康的，其他的規矩、習慣等教導常被忽略，等到孩子大了才發現，得花許多時間糾正，甚至成為親子間的衝突點。

2.父母忙於工作，相處少了，對孩子的習性、狀況掌握不夠，不瞭解孩子，親子之間關係疏離。

3.父母沒有時間陪孩子，常用物質及金錢去彌補，反而造成孩子不懂珍惜並予取予求的狀況。

針對這些問題，是可以妥善處理的。孩子如果是褓姆或長輩帶，可以透過照顧者告知以及和孩子相處時仔細觀察，孩子是否有不良的習慣或行為。通常照顧者只處理生活起居，教育的事還是得父母自己來。

兒子大約三歲左右，我訓練他自己吃飯，有一天晚上回家走到院子裡時，聽到婆婆跟兒子說：趕快吃趕快吃，媽媽回來了。原來婆婆覺得兒子自己吃飯太慢了，餵他比較快，才不會吃到飯菜都冷掉。當下我不動聲色，到晚上兒子睡覺之前，我處罰了兒子，原因是兒子答應我自己吃飯沒做到，以及媽媽說不可以做的事，就算別人讓他做也是不能做的。而婆婆這邊，老人家疼孫子的心情我們可以體會。第二天，我告訴婆婆：我知道她疼愛孫子，但她一定也不希望孫子在她面前一種做法，在我面前又是另外的樣子，養成孩子當雙面人的習慣；婆婆也意識到了這樣的問題，從此以後，只要我規定孩子做的事，婆婆就會配合我。所以，和照顧者只要配合好，還是可以教好孩子的。

但要注意的是：如果照顧者是長輩，一定要站在他們疼愛孩子的立場，溝通的語氣一定要和緩，別讓長輩誤解我們不高興或怪她，反而引發與長輩之間的不愉快。對長輩、父母而言，都是希望孩子好的。如果是請專業褓姆，可以在每天接孩子時仔細詢問褓姆孩子的狀況及需要留心的事。

要是父母工作真的很忙，那麼陪孩子的時間只能重質不重量，怎麼做呢？**一天中找個半小時的時間聽孩子說話或陪他玩**。如果是晚上時間允許，在就寢前陪孩子說個故事。如果回到家孩子睡了，那就利用早上出門前或送孩子的途中好好陪他說話。盡量是聽孩子說，而非說教，是快樂的相處時間。這麼做的好處是讓孩子習慣跟你分享，也是培養孩子表達的能力。

一個星期至少找一天或半天的時間全心全意陪孩子。出門走走或帶孩子去公園玩，或是和孩子一起完成一個活動。現在在公園及一些公共場所的遊戲區常看到很多父母帶孩子來玩，結果自己在一旁看手機或做自己的事，這樣和孩子間能有好的互動嗎？還是在用身教間接培養3C孩子？既然是重質，那就是跟孩子在一起時，充分讓孩子感受你的關愛與陪伴，雖然時間無法很長，但孩子會知道並體諒你的。

對於彌補的問題，現在已經是很普遍可以在父母身上看到的問題，尤其是單親家庭，許多父母因為沒有給孩子一個完整的家或是沒有時間陪孩子，就想用物質來讓孩子感受他們的愛。但要跟父母們說的是：請把這樣的心態放下吧！撫養孩子是我們為人父母的責任，引導孩子有健全的人格、獨立自主、成就他自己才是我們最需要做的，如果一直用彌補的心態，該要求時心軟不要求，讓孩子做錯事時不知改正，一錯再錯，孩子如何建立正確的處事態度。

孩子要昂貴的東西時不考慮是否適合他們的年紀所該擁有，養成孩子盲目追逐名牌、花錢不手軟的習慣。如此，孩子怎麼能體諒父母工作的辛苦？更嚴重的事情是：當有一天父母無法滿足他們時，他們會怎麼做？或是將來他們自己工作賺的錢不夠他們花用時，孩子又會怎麼做呢？如果從小我們讓孩子養成這樣的習慣，那將來孩子啃老也沒什麼可以驚訝的。所以，千萬不要有彌補的心態，不管我們的狀況如何，要考慮的永遠只有我們怎麼做可以讓孩子有正確的觀念，有健全的人格，這樣才是愛孩子最好的方式。

前面談到過，「要畏因，而非畏果」，其實教養孩子並沒有那麼難，只要在帶孩子的過程中，隨時檢視自己用的方式以及帶孩子的心態在孩子身上會導致什麼樣的結果，就會找出最適合的方法了。

第一章 0～6歲孩子的教養重點

這個階段的孩子，是從出生需要24小時完全的生活照顧到開始一點一滴學會必須的生活技能、表達的階段。什麼事對他們是最重要的呢？

六歲前，歸納以下三點對孩子是最重要的：

1. 健康、快樂。
2. 規矩、是非觀念、習慣的建立。
3. 人格教育及基本能力的培養。

這個階段要幫助孩子在健康上打下良好基礎，孩子從小可以有健康的體質，長大自然不需擔心。而快樂的孩子也會有較好的心理狀態，長大後能用樂觀、積極的態度面對人生。

三歲看老，現在的孩子普遍聰明，愈是聰明的孩子，應愈早將孩子許多習慣建立起來，不然，等到性格成形，要修正就得花更多的時間和精力去做，而且不見得有好成效，所以運用孩子從出生一開始的階段，每天一點一滴的建立、累積，反而是最省力也最有效的。

很多父母害怕孩子跟不上別的小孩，害怕他們輸在起跑點上，所以很早就讓孩子上才藝班，上各式各樣的課程。學東西不是壞事，但父母要小心的是：給孩子的課程是否超過年齡的負荷？如果是，反而造成孩子的壓力，讓孩子反感、討厭，這就不是贏在起跑點，而是會輸掉終點的。所以在課程及老師的選擇上一定要多花些心思，選擇讓孩子可以產生興趣，對孩子生理、心理或技藝的成長有幫助的課程，而不是專注在孩子學出什麼成果。這個年紀的孩子還小，快樂的成長才是最重要的，讓孩子寓教於樂開心學習，只要他們對學習的事物有興趣，才是將來能學好的最大動力。

以下的章節就從健康、習慣養成及能力培養來談0～6歲孩子的教養。

第二章　從命學角度養成良好健康習慣

照顧孩子的健康，首先是建立基本的生活作習、飲食、運動等習慣，但是否可以做得更好？

上醫醫未病，預防勝於治療，我們可以透過命學的統計得知每個人身體狀況較弱的部位，身體若生病，常起因於這些部位，如能在弱處多加強照護及做好養生，那麼就可降低生病的機率，保持健康。尤其能從孩子出生就做預防，更可以幫助孩子健康成長。

一、五行與健康之關係

在命盤中每一個日主五行或是命盤所缺的五行，代表了這個人先天身體上的那個部位是比較弱而需要多照護的，列表如下：

五行	日主	地支	臟腑、部位		
木	甲、乙	寅、卯	肝、膽	免疫系統	
火	丙、丁	巳、午	心、小腸	循環系統	眼睛
土	戊、己	辰、戌、丑、未	脾、胃	消化系統	
金	庚、辛	申、酉	肺、大腸	呼吸系統	牙齒、筋骨
水	壬、癸	亥、子	腎、膀胱	泌尿、生殖系統	足

甲乙木日主及命盤缺木的先天問題在肝膽上，肝膽不好容易產生疲勞、免疫力下降等問題。要照顧木日主或命盤中缺木孩子的第一步就是讓他們養成良好睡眠習慣，早睡早起，特別是不能熬夜。晚上十一點是肝膽開始排毒修護的時間，並且要在熟睡時身體才會進行排毒，因此對木日主及命盤沒有木五行者而言，好的睡眠習慣是養生最基本也最重要的事。

丙丁火日主及命盤缺火的先天問題在心、血管等循環系統上。血液循環不好容易手腳冰冷，也容易影響身體新陳代謝、營養吸收的狀況。運動可以幫助身體的血液循環，養成良好運動習慣是火日主及缺火者養生的第一步。

火日主及缺火者也容易有眼睛方面的問題，要特別留心眼部健康保養，注意用眼時間的調配及休息。

戊己土日主及命盤缺土的先天問題在脾胃的消化、吸收。中醫上提到：脾胃為後天之本。身體的運作來自脾胃消化的食物所提供的營養，消化系統不好，營養不到位，人就會面黃肌瘦，打不起精神；或是對某些營養成份吸收過強，產生虛胖情形。照顧好脾胃的第一步，就是要定時定量以及均衡營養的飲食。

庚辛金日主及命盤缺金的先天問題在呼吸系統及排便上，容易有體質過敏、便祕或拉肚子的狀況。要過濾孩子對食物及環境的反應，尤其容易引起過敏的食物，像巧克力、花生、牛奶、乳製品……等等，理清過敏源、改善環境、減少接觸機率自然就不容易生病了。還有養成良好固定的排便習慣對金日主及命盤缺金的人也是很重要的。

在呼吸系統的維護上可多做提升心肺功能的運動，如游泳、登山、慢跑……都是很有幫助的運動。

壬癸水日主及命盤缺水的先天問題在泌尿系統上，也會產生在女孩子婦科、生理期等方面的問題。中醫學中談到腎為先天之本，必須多加照顧，要避免過鹹及冰冷寒涼的飲食，並養成良好衛生習慣。想去洗手間時就要去，不可憋尿，尤其下午三點到七點這段時間，經絡氣血走在腎及膀胱經，更要避免這個問題。

此外也要多增加足部肌肉的力量，水屬性及缺水者下焦較弱常無法久站，增強足部力量可預防這個問題。

命盤中十神有傷官、七殺，地支寅、申、巳、亥多者要避免血光之類的意外傷害，較具危險性的活動及行車安全上要當心。

二、健康相關之案例

命盤中如在年柱帶了七殺或傷官，1～16歲間父母要小心照顧孩子健康，即使只是小狀況也不要輕忽，以免造成不可逆的傷害。

案例1：小偉　男　2001年7月14日　丑時

十神	傷官	正官	日主	正財
天干	辛	乙	戊	癸
地支	巳	未	寅	丑
藏干	丙 偏印、戊 比肩、庚 食神	己 劫財、乙 正官、丁 正印	甲 七殺、丙 偏印、戊 比肩	己 劫財、癸 正財、辛 傷官

小偉年柱傷官，所以小時候常受傷、感冒。在五歲（乙酉年）時，酉金的流年氣場加強了年柱辛、傷官的力量，有一次感冒發燒，父母親沒留意，引發中耳炎而導致右耳聽力終身受損。

案例2：小惠 女 1989年4月6日 寅時

十神	傷官	食神	日主	偏財
天干	己	戊	丙	庚
地支	巳	辰	申	寅
藏干	丙 比肩 戊 食神 庚 偏財	戊 食神 乙 正印 癸 正官	庚 偏財 壬 七殺 戊 食神	甲 偏印 丙 比肩 戊 食神

小惠年柱傷官的問題出現在血光意外上，1～16歲間就發生了三次較嚴重的意外。在十歲那年的年底出了第一次車禍，騎腳踏車被後面來的摩托車撞到，腳骨折，住院住了兩個多月。十一歲時為閃避岔路衝出的摩托車而撞進竹林，臉部被竹子刮傷，幸而傷口不深未留下疤痕。高一時又被摩托車從後面追撞，跌坐地上而受內傷。

案例3：郭先生　男　1968年6月23日　巳時

十神	偏財	偏財	日主	正財
天干	戊土	戊土	甲木	己土
地支	申金	午火	子水	巳火
藏干	庚 七殺 壬 偏印 戊 偏財	丁 傷官 己 正財	 癸 正印 	丙 食神 戊 偏財 庚 七殺

郭先生日主甲木，命盤五行只有一個木，木氣極弱，又在夏天出生需要水來灌溉，但盤中卻有三土來剋一水，水的助力有限，年柱地支申金來剋日主木為七殺，讓郭先生在出生十個月大時因生病發燒導致小兒痲痺而不良於行。

日主極弱的命格本身洩剋殺太多者，身體要小心照顧，尤其再遇剋殺的流年，即使是小病也不可輕忽。

案例4：宋小妹 女 2018年2月2日 辰時

十神	食神	偏印	日主	正官
天干	丁	癸	乙	庚
地支	酉	丑	丑	辰
藏干	辛 七殺	己 偏財、癸 偏印、辛 七殺	己 偏財、癸 偏印、辛 七殺	戊 正財、乙 比肩、癸 偏印

宋小妹乙木日主，先天主肝膽、免疫系統，在照顧上要養成早睡的習慣，用良好的作習為她奠定好的健康基礎。

年柱藏干七殺，尾數1的年（2021、2031……）要特別注意健康問題並提防意外。

案例5：陳小弟 男 2016年10月21日 申時

十神	比肩	食神	日主	比肩
天干	丙火	戊土	丙火	丙火
地支	申金	戊土	子水	申金
藏干	庚偏財、壬七殺、戊食神	戊食神、辛正財、丁劫財	癸正官	庚偏財、壬七殺、戊食神

丙火日主的陳小弟，先天主心、循環系統，要養成運動的習慣，也要注意眼睛的保護，讓他看電視及用3C，需限制時間，不可太過。

命盤中五行缺木，所以肝膽、免疫也要多照顧，早睡早起。

丙火的孩子性格上較隨性，父母要多些耐心嚴格要求陳小弟養成好的作習及運動習慣，並堅持讓他按時執行，否則孩子長大後容易因其隨性而熬夜影響健康，只要在16歲前能有良好的習慣，養成極強的生理時鐘，將有助於長大後孩子維持好的作息。

第三章 規矩、是非觀念、習慣的建立

古人說：三歲看老

江山易改，本性難移

孩子從小的習性會一直伴隨著他，除非遇到了大挫折或有其他領悟才會有比較大的機會改變。很多人總以為孩子小不懂事，大了就好，但我想問的是：小的時候你不教他懂事，養成好的觀念和習慣，長大後仍然依循著小時候的做法，請問孩子怎麼會好？

其實從孩子出生甚至是在媽媽的肚子裡開始，父母就已經在有意識與無意識之間建立孩子的各種習性和觀念了，孩子會聽、會看、會觀察身邊人的一言一行，模仿大人，加上與父母及他人互動中的學習來建立自己的習性，所以許多觀念與習慣以及基本能力的建立，0到6歲是黃金時期，父母要好好把握，不要讓孩子在這時期建立了不好的習性，長大後要調整，就得花更大的力氣和時間來處理。

在幫助孩子養成各種規矩、習慣之前，父母必須先理清楚要幫孩子建立哪些習慣、規矩和觀念，怎麼說呢？站在十字路口時，如果你根本不知道自己要去哪裡，請問你要往哪裡走？左轉、右轉還是直走？教育孩子也是一樣，你要先清楚你希望孩子成為什麼樣的人，才有辦法帶著他們往前走，不是嗎？所以為你的孩子做個教育的目標設定吧！這是引領你給孩子更好教育的方向，確立後，尋找方法培養，更重要的是在日常生活中隨時調整孩子的狀況。

下面給爸媽們提供些建議的方向，看看哪些是你們想幫孩子建立的？為什麼說是建議，教育是活的，因時因地制宜而非一成不變，提供的這些也不是全部，爸媽們可以自己好好思考自己的教育方向，在制定時也可以參照前面所談孩子的先天性格去思考。

習慣：

1. 健康習慣
2. 生活作習
3. 閱讀習慣
4. 做功課的習慣……

規矩、觀念、態度：

1. 禮貌
2. 服從
3. 尊重
4. 等待
5. 分享
6. 惜福……

規矩、是非觀念和習慣都是從孩子的日常中一點一滴建立起來無法一觸可及的，也不是說了一次或做了幾天就可以建立。拿閱讀習慣的建立來舉例：兒子在命格中是屬於愛玩、好動的個性，當時就想一定要讓他喜歡閱讀、喜歡書，不然等上學後要他靜下來讀書恐怕是件艱鉅的事。所以從他幾個月大時就開始陪他用玩的方式看圖畫書，從一、兩分鐘的專注，到睡前的說故事時間，陪他看了幾年的睡前故事，到現在，書一直都是兒子的最愛之一，睡前依然保持小時候的習慣，會看看書再睡，而對書的喜好及閱讀習慣，是花了六年的陪伴養成的。

健康習慣的養成，父母可參照上一個章節先天身體弱點為孩子做加強，例如火日主的孩子，可以每天安排運動時間帶孩子去公園或運動場跑步，或針對特定運動幫孩子養成對運動的喜好與習慣。

生活作習的建立，父母可以幫孩子規劃好每天的日常，最重要的起床及睡覺時間要嚴格遵守，睡眠充足的孩子情緒上會很穩定不容易哭鬧。其他如學習、遊戲、午休、點心時間等等，規劃好時，父母容易和孩子互動，孩子心理上也比較有安全感。

接下來談談做功課的習慣。孩子上幼稚園第一次有回家功課時是幫他養成好習慣的最佳時機，回到家吃個點心就讓孩子開始做作業。建議父母讓孩子自己寫不要陪，寫功課是孩子自己的事，剛開始孩子可能不知該怎麼做，先陪他理清怎麼寫之後就離開。寫得好壞父母不需太擔心，剛開始寫得不好是正常的，慢慢調整就好。孩子遇到不會的也不要馬上過去教，讓他先把會的寫完後再來問你，陪他把不會的完成後，請孩子自己檢查一遍還有沒有問題，最後再幫孩子訂正並改錯。這麼做有幾個好處：一、自己的事自己做，父母只是幫忙。二、父母不會打擾到孩子的專注，也不會養成父母不在沒人陪就不做功課的習性。三、養成有問題會找人問的習慣，這個部分不一定直接給孩子答案，可以引導孩子自己找出答案。四、養成檢查的習慣，避免粗心大意。

規矩、觀念及態度的養成得從日常生活中所遇到的狀況找機會建立，比如有親戚、朋友到訪時，就是禮貌養成的好時機。與小朋友玩耍時，可以教會孩子尊重、等待及分享。吃飯及玩玩具時，可以讓孩子懂得珍惜和惜福。

在這個階段的孩子，不管做什麼、要養成什麼習慣或刻意引導孩子什麼，一定不能急，要有耐性，用輕鬆、快樂的態度去做，一點一滴的累積，別想馬上有什麼成果，只要孩子一天比一天進步就是好的，想想最初是怎麼教會孩子走路的。不要吝惜給孩子讚美，但最好根據事實讚美孩子，比如筆劃寫得很直很棒，今天比昨天專心，或是當孩子做了好的行為時，稱讚他做得好、是好孩子等等。重要的是讓孩子喜歡做我們要為他建立習性的事，而不是用批評、指責的方式讓孩子覺得這些很煩很討厭而排斥。

有很多能力也是可以從小培養的，還是老話，孩子日常中建立的各種狀態形成他們未來的樣子，不是制式規條，是從很多微小的生活細節，以及和身旁所有人互動經驗累積建構而成。父母、師長的從旁引導，可以幫助孩子建立很好的特質與能力，比如自信、高EQ、獨立自主、負責任、自制力、受挫力、抗壓力、同理心、表達能力、推理能力、觀察力、決策力、解決問題的能力、勇氣、合作能力……等等。知識、專業努力用心學就能學會，但這些能力有些也許與生俱來，可是如果在孩子的日常生活中多加引導，培養出好能力或提高原有的能力是絕對做得到的。

像EQ情商、受挫力、抗壓這些都和情緒有關，愈能夠控制情緒的孩子，這方面的能力一定愈強。十神中，情緒管理較弱的傷官、偏印、正官、七殺孩子，父母要多花點心思，平時管教孩子時就可用平穩的情緒給他們好榜樣。兒子在命格中屬於偏印特立獨行的個性，說話更是直接出口不怕傷人的，難免在人際關係與情緒的掌控差一些。所以從小只要他發脾氣，我一定先冷處理，把他放在一邊，從不安慰，等一會兒之後再去問他：生完氣了嗎？要不要告訴媽媽為什麼生氣？你氣了半天，媽媽都不知道你氣什麼，這樣氣得多不值啊！或是問他：氣完了嗎？事情都這樣了，要不要我們一起想想接下來怎麼辦？讓兒子自己體悟生氣和情緒一點用都沒有。後來兒子鬧情緒的方式是直接來告訴我：媽媽，因為什麼事讓他很生氣，而不再用發脾氣的方式，十歲以後，就幾乎沒見他鬧過情緒了。

比如想讓孩子獨立、負責任，父母一定要狠得下心，只要是孩子自己的事就讓他自己做，絕對不要插手，尤其是平時父母、長輩常為他們做太多的正印、偏印孩子，一定要讓他們學會為自己的事負責。父母在孩子面前也可以示弱，問孩子可不可以幫忙，藉以訓練孩子願意分擔的心及責任感。孩子年紀小，剛開始自己動手做時一定做得不好，父母要耐著性子讓他們自己慢慢做，在一旁鼓勵就好。很多父母看不過就會直接接手幫孩子完成，如果希望孩子獨立，千萬要忍住別插手。愈早讓孩子自己動手，孩子愈能獨立。

受挫、抗壓、解決問題的能力可以在孩子遇到事、失敗或考試考壞時培養。特別是抗壓性較弱的正印、正官孩子，要注意這方面能力的培養。當他受挫時用平靜的語詞問他：没做好没關係，但是可以告訴媽媽為什麼没做好？從這件事裡你學到了什麼？陪孩子一起找原因、找問題、解決問題，下一次不再犯同樣的事。人生不可能事事順心，對孩子來說，學會如何面對不放棄才是重點。孩子遇事時，也絕對別先說別人錯。小孩被桌子絆倒，我們常聽到：桌子壞壞，害你摔疼了，不哭不哭，我們打它。這樣類似怪東怪西的話，聽起來只是哄孩子而已，但如果說：怎麼不小心跌倒了？下次在這裡玩要注意別再絆倒了。哪一種在孩子心理上可以教會孩子自己面對？

表達能力、推理能力、觀察力等可以在陪孩子遊戲、散步、說故事……當中就能培養。食神、正印、正財、正官的孩子在這個部分比較懶得花心思，父母可多加強引導；傷官、偏印、偏財、七殺的孩子本就具備這方面的強項，可幫助他們把這部分能力發揮得更好。平時，給孩子講完故事後和孩子一起討論故事情節，或換孩子講給你聽；也可以用：如果故事主人怎麼做會發生什麼狀況來和孩子一起推理；散步或出外時和孩子一起發掘周遭事物等等。對孩子來說能玩得開心，同時你也在培養孩子這方面的能力。

很多習性及能力的養成是從小事開始，只要父母在平日裡多用一點心，就能幫助孩子建立的。也有很多爸媽問我，那我怎麼知道要怎麼做呢？多看、多聽、多想，多看書、多聽別人的經驗和方法，多想自己跟孩子的互動中怎麼做對孩子的幫助最大，再依據實際狀況找出最適用的方式。但這之前很重要的事是：你要先理清到底你的目標在哪裡？有哪些習性、能力對你的孩子是重要的？你想帶出什麼樣的孩子？

案例1：辰辰 女 2018年11月06日 辰時

十神	七殺	比肩	日主	食神
天干	戊	壬	壬	甲
地支	戌	戌	寅	辰
藏干	戊 七殺 辛 正印 丁 正財	戊 七殺 辛 正印 丁 正財	甲 食神 丙 偏財 戊 七殺	戊 七殺 乙 傷官 癸 劫財

辰辰是個相當有個性又極聰明的小女生，戌月、八字全陽又帶七殺、比肩，好強、有自己想法、固執，所以從小養成正確觀念相當重要，一旦不好的習性變成習慣，長大要調整不容易，得花很多心思及精神，加上命盤中年柱父母宮與日主相剋，也會引起親子間的衝突，最好的方法就是趁孩子小，父母留心日常的狀態隨時引導。

辰辰有很多很好的特質，獨立性強、耐力足、EQ也夠，父母在帶她時可以把這些特質強化。對辰辰來說要多加強的，第一個是建立是非觀，對錯要清楚讓她認知，不可因小事而疏忽。尤其水日主的個性上比較隨性，做錯事只要不挨罵就好，所以會選擇隱瞞，父母得仔細觀察，確保不要養成壞習性。辰辰的聰明讓她學習力強、學東西快，所以第二個要注意的是稱讚要對事，讓她知道哪裡做得好，哪裡可以更好，不要因常得到稱讚而有自大、自負的習性。

整體命盤展現辰辰是個有學霸潛力的孩子，文武俱佳，在學習上父母可以即早規劃，讓她在遊玩當中打下好的學識基礎。

案例2：許小妹　女　2019年08月27日　午時

十神	傷官	七殺	日主	偏印
天干	己	壬	丙	甲
地支	亥	申	申	午
藏干	壬 七殺 / 甲 偏印	庚 偏財 / 壬 七殺 / 戊 食神	庚 偏財 / 壬 七殺 / 戊 食神	丁 劫財 / 己 傷官

大剌剌、大而化之的丙火日主，本來就脾氣急，加上七殺、申月的急性子，傷官的情緒化，許小妹是個想要什麼就得馬上拿到，想做什麼就要馬上做的小孩，當然在情緒管控、EQ上較不佳。

父母宜從小打磨這個部分，適用快回答、慢等待的方式，就是當孩子有需求、要求父母做些什麼時可以馬上給予回應，但請她等待些時間再給。比如孩子想去公園玩，你可以馬上回應：可以去，但是現在在準備午餐，走不開，所以請她等到午睡醒來下午三點再帶她去。這樣的方式，可從剛開始的等待一、兩分鐘到後來的幾小時或幾天，依實際情況來定。讓孩子從小學會耐心及等待，自然有助於長大後性格的控制，可以幫助孩子在人際溝通與行事態度上減少予取予求及不如意時容易用情緒處事、言語傷人的特質。在家庭氛圍上，父母也要用平緩情緒處事的身教來感染孩子，不適宜用指責打罵的教養方式。

只要能夠學會沉得住氣、不衝動，許小妹優秀的創造力及統御管理能力，長大後必然會有很好的發揮。

案例3：小K　男　2016年5月11日　酉時

十神	正財	比肩	日主	偏印
天干	丙	癸	癸	辛
地支	申	巳	巳	酉
藏干	庚 正印、壬 劫財、戊 正官	丙 正財、戊 正官、庚 正印	丙 正財、戊 正官、庚 正印	辛 偏印

癸水日主財格的小K，聰明、每天笑嘻嘻的人見人愛，好動愛玩閒不住、活動力極強。

命盤中沒有食傷星，加上財格的歡喜心，做事大線條不仔細，不太專心，好奇心強。性格上不會想太多，遇挫折或失敗時也不會放在心上太久，所以抗壓力及受挫能力沒有太大問題。由於好奇心強，愛玩容易分心，父母需要從小時候加強專注力及專一能力的培養。

小K坐不住的個性，父母也要從小養成他愛看書和喜歡學習的習慣，否則長大要靜下來學習是很難的事。

第六章　關於手機、平板等3C設備

有許多的父母常困擾於孩子花太多時間及專注力在電子產品上而影響了課業。在這一點上，使用這些先進科技是無可避免的事，重要的是當孩子第一次接觸這些東西時就要開始規範，養成好的使用習慣。

父母常為了安撫學齡前兒童，讓他們不吵鬧而給他們3C，確實，這樣可以讓孩子馬上安靜，但同時，父母是否已經在培養孩子對3C的依賴感了？無聊－玩手機，生氣－打遊戲發洩，沒事做－上網看看卡通……，如果孩子從小的生活就圍繞著3C轉，長大後怎麼可能對這些電子設備有抗性而不著迷呢？

所以請父母絕對不要用手機當作安撫的工具。孩子如果外出吃飯或其他靜態活動時間太長時，一定會不耐煩或吵鬧，爸媽可以事先準備玩具、圖畫書或是塗鴉的紙筆等等讓孩子玩。真的坐太久時可以帶孩子起來走走逛逛所在場所。要是孩子吵鬧時，不需責備，把他帶到沒人的角落，讓孩子先站一會兒，冷靜下來後先瞭解哭鬧原因再跟他講道理或解決哭鬧問題。兒子小的時候有一次跟著我去做命理諮商，剛開始還可以在旁邊等著，時間一長就開始搗蛋吵鬧。我帶著他到角落，先聽完兒子的抱怨：他覺得很無聊，我們說了好久都不走，星期天是我陪他屬於他的時間……等等。講完後我告訴他，我知道他很無聊，但阿姨遇到一些事需要媽媽的幫助，因為阿姨平常要工作只能約星期天，不是故意要佔用他的時間，最後問他願不願意幫助阿姨解決問題？等阿姨的問題解決了我們再去公園玩。後來兒子在我身旁看他的故事書不再吵鬧。其實有很多不同的方法可以處理孩子哭鬧問題，但用3C，不但損害孩子的視力，還間接養成孩子對這些設備的依賴，等孩子大了離不開這些產品時，父母還得想辦法處理，與其如此，還不如一開始時就別給孩子這樣的機會。

在開始讓孩子接觸3C設備時，先著重設備的功能性，手機是拿來聯絡用的，電腦網路是遇到問題時可以幫助我們找答案的工具，也是我們學習新事物時的輔助，而不是只拿來玩遊戲、看影片，讓孩子真正瞭解這些設備的作用並懂得使用而非只是玩。

給孩子看影片時也要盡量是看速度較慢的兒童片，如巧虎、維尼熊之類的，尤其三歲前孩子的大腦神經未發育完成，如果孩子一直習慣快速的視覺，將來長大遇到較枯燥變化不大的環境，比如在學校課堂上只能乖乖坐著時，就容易產生問題，專注力也會較不集中。

最後是孩子用這些設備的時間。如果孩子已經習慣依賴或離不開3C，父母也可用時間的約定慢慢修正孩子的狀態。只有假日還是每天的哪個時段可以用？或是做什麼好事的獎勵時可以用，這就在於父母和孩子之間的約定，約定好了就要嚴格執行讓孩子養成習慣，而且讓孩子自己關機，若孩子做不到時一定要有懲罰，比如隔天不能用設備或其他與孩子訂的罰則，才不會將來無法放下這些設備，更要讓孩子也養成用了三十分鐘一定要休息的習慣，以免影響視力。

第七章　關於嚴格要求與體罰

看過很多父母因為害怕孩子輸在起跑點，在孩子的課業及學習才藝上，常見父母每天的督促、責罵，甚至責打。

教養孩子的方法很多，嚴格也未必不好，在我自己的經驗中，當孩子犯錯，適當的處罰可以讓孩子印象深刻，較不容易再犯同樣的問題。

但如果要用較嚴厲的處罰，會建議用在與是非對錯、態度和人格教養上相關的事情，而非用在孩子學習上，學習問題用柔性的方法教，才不容易讓孩子產生對學習的排斥。

父母在處罰孩子前宜注意幾件事：

1. 你是在教孩子還是在發洩自己的怒氣？建議父母不要在自己盛怒之下處罰孩子，盛怒時容易控制不了自己而傷了孩子。在孩子的立場，他們有時無法分辨是因你的生氣還是他做錯事而被處罰，若孩子覺得只是因為他惹你生氣而被處罰，那麼你的處罰並無法真的導正孩子的錯誤，反而會讓孩子誤解生氣時可以去責罵或動手打人，有樣學樣就不好了。

2. 責罰孩子時要避免攻擊與批評式的言詞。有時會聽到父母罵孩子：你怎麼那麼笨、這麼簡單都不會、我怎麼會生出你這種小孩……等等帶批評的話語。父母有時只是希望孩子變好而責罵孩子，但這一類的言語不僅對孩子沒幫助，成為語言暴力，長久下來，反而會讓他們產生自卑、沒自信、退縮的心理。

3. 處罰孩子前一定要讓孩子清楚自己犯了什麼錯，為什麼不對，他做的事會導致什麼不好的後果後才處罰，這才能幫助孩子修正自己的行為，也可約定若再犯你會做什麼樣的處置或處罰，避免孩子再犯，這樣才能讓孩子真正懂得規範他自己。

4. 建議父母的要求最好事先與孩子約定好，或是孩子第一次犯錯可用規勸的方式，並說好若再犯會怎麼處罰。孩子常是健忘的，同樣的事通常會再犯，尤其是偏印和屬水的小孩，他們會測試父母是來真的還是說說而已，所以父母只要說出口的一定要做到，賞罰都一樣，做不到的就別說，這樣孩子才不會把父母的話當耳邊風，父母在孩子的心中才能樹立威信。

不要認為孩子年紀小，犯錯沒關係，反而從小就要修正孩子的行為，大了之後，孩子自己就會做好，不用父母擔心。至於用什麼處罰方式，只要不會傷到孩子的身體與心理，而且會讓孩子記住就好。

第四篇

國小階段的教養

第四篇

國小階段的教養

幼稚園是孩子第一次接觸家庭以外的環境，但幼兒教育，老師比較注重的還是在孩童的生活照顧上。到了國小，老師們注重的焦點變成課業上的，而不再是孩子的照顧者了。對孩子也是另一階段的開始，這個階段孩子要開始學會自己照顧自己、建立人際圈、學習課業，不再事事由大人照顧了，是孩子學習獨立、適應家庭以外環境的第一站。

所以當孩子進入國小階段，在教育的方向與幼兒時期不同，0到6歲的幼兒期著重的是成長照顧、生活能力培養、人格、基礎能力教育。國小階段開始著重學識教育，生活重心也從家庭慢慢轉到學校、課業，所以這個階段的教養重點：

1.課業上：學習習慣、學習方法的建立。

2.興趣、才藝養成。

3.自我生活照顧、人際關係、抗壓力、獨立性、責任心等人格教育、基本能力的持續養成。

4.金錢觀的建立。

第一章　從命學角度看課業學習、興趣及才藝養成

每個孩子都有自己所擅長的優勢，不同的特質有不同的學習方法及喜好、興趣。孔夫子所談的「因材施教」：因循孩子不同的特質給予不同的教育或是用不同的方法教導孩子。命學就是父母幫助孩子最好的輔助知識及工具，透過命學，父母能很快掌握孩子的思考邏輯及學習特質，可以給孩子適合的學習引導及環境，幫助孩子適性、輕鬆學習而有所成就。

以下就命盤中每個日主、十神特性來探討如何幫助孩子適性學習。

一、五行人的學習特質

五行	日主	特質	
木	甲	規律性強	專才型
	乙		
火	丙	隨興、沒耐性	
	丁		
土	戊	規律性強	
	己		
金	庚	規律性強	
	辛		
水	壬	隨興	通才型
	癸		

依照日主特性，**木、土、金的屬性**是規律性較強的，這三個屬性的孩子只要幫助他們建立好學習習慣，訂好時間及內容，時間到，他們就會做該做的事。比如幼兒園時養成放學回家馬上寫作業的習慣，這三個屬性的孩子到國小時依然會照著習慣做，當然，國小後就不只是寫作業，可以在餐後找一個時段幫孩子養成複習和預習的習慣。習慣的建立至少要二十一天到一個月，父母在幫助孩子養成習慣之初，一定要有耐性並且堅持。

這三個屬性的孩子也不喜歡做事時被打斷，尤其土和金。父母親忙的時候有時會隨口叫孩子幫一下忙，拿個東西之類的小事；或是在孩子的習慣有所改變時，很容易打斷他們的專心，打斷之後伴隨而來的除了情緒不佳的問題之外，也很容易打破習慣。有個學生家的老大從小一到小三做作業的習慣一直都很好，小三時妹妹也上學了，回家後一起寫功課，結果兩個孩子在一起就會說話或玩遊戲，打斷了老大的專心和習慣，即使後來讓孩子分開寫作業也常到了睡覺時還做不完，老大的好習慣完全被打破。所以一旦建立好的時間習慣，當外在環境有所改變，父母要小心處理才是。

火和水是比較隨興的性格，要他們每天一板一眼的做同樣的事是有點困難的。比如每天要背十個英文單字這種規定，大概只能執行個三、五天，之後就會是背一天，三天忘了背的狀況，所以對水、火屬性要他們像其他三個屬性一樣養成規律性的習慣是有難度的。那怎麼辦？對這兩個屬性適用比較短期目標的方式，比如這一個星期要完成哪些範圍，最後一天有個小測驗來確認學習狀況，確定學習的範圍沒問題了，再訂下個星期的目標這樣的方式。

木日主在專業上是有一分實力說一分話的人，學習上很願意花時間鑽研，一步一腳印的累積，所以只要養成好的學習慣性，在他的專業領域上會有好表現，成為學有專精的專才，這是讓父母可以放心的。

水日主則趨向於廣泛式的學習，他們的心思較不集中，喜歡不同的事物，加上聰明學得快，常常會形成什麼都會卻不專精的狀況，這種特質用在統整、企劃上的工作是有利的，但如果孩子將來選擇專業技術領域，則要好好調整學習的心態及方式。

孩子願意好好學習，對父母而言一定是很開心的事，但當孩子願意照著時間學習時，父母也應該給孩子遊玩的時間，而非只是學習。我有個學生的孩子本來功課都完成得很好，不需父母擔心，但後來卻愈寫愈慢，拖拖拉拉的，我問了孩子為什麼？她告訴我：很快寫完爸爸又會給更多的習作和題庫，所以寫快、寫慢有什麼差別？反正都沒有自己的時間，也不能玩，寫慢還可以少寫一些。

帶孩子的過程常會覺得快就是慢，慢就是快，說太多、要求太多，真的對孩子是最好的嗎？對孩子而言，學習是一輩子的事，在遊玩當中也是在學，如何平衡孩子的生活，讓孩子樂於學習、玩得開心，反而是父母的課題了。

二、從十神特質幫助孩子輕鬆學習

每一個十神有不同的思維及學習優勢，順著孩子的優勢幫助他們找到適合的學習方法，不僅容易激發孩子的學習興趣，提高學習效益，也能讓孩子有成就感，增強自信心，並且可以從學習中發覺孩子的興趣，為將來的專業學習打下基礎。

比肩	競爭型、群眾型
劫財	競爭型、群眾型
食神	一步一腳印
傷官	邏輯型
正官	一板一眼

七殺	決策型、邏輯型
正財	耐性短、遊戲中學習
偏財	耐性短、遊戲中學習
正印	堅持、思維型
偏印	創意、邏輯型

比肩、劫財

比劫的孩子喜歡朋友、喜歡群體，相對的環境對命盤中帶比肩、劫財孩子的影響是比較大的，把這一型的孩子放到喜歡讀書的團體中，他們自然較願意跟著讀書，或是他們身邊朋友的喜好就容易成為他的喜好，所以為比劫孩子找好一點的環境是很重要的。

除了環境，同時要留心孩子交往的朋友，他身邊有愛讀書的朋友自然讓他也會想讀書，但如果他的朋友愛玩，孩子就跟著愛玩，影響較其他十神大很多。

雖然這一型的孩子重朋友，但天生不服輸的性格也讓他們在朋友面前依然好強，他們不能容忍自己是最差的那一個，自然會督促自己比朋友優秀，所以把孩子放在學校、補習班、安親班等會比他自己一人在家做功課成效好，善用團體及同儕的力量幫助比劫的孩子學習，比父母每天盯著他學習來得有效。

食神

命盤中帶食神的孩子在學習上是讓父母放心的，他們會安份做好自己該做的，老師交代的功課也會做好，加上溫和的性格，並不需過多的擔心。

食神孩子的思維是比較單一的，在記憶性及文科上的表現會優於邏輯性的科目，所以國語文、英文、文史等是食神孩子的強項，而數學、理化就要多加強。

對需要反覆練習的事物，食神孩子也有相當的耐性去完成，學習能力強，這是孩子優勢的部分，父母可以從小培養食神孩子技藝類的專長，將來是很好的專業人才。

傷官

傷官是邏輯型的思維，帶傷官的孩子學習上一定要能搞懂來龍去脈才能真正學會，拿數學舉例：他們一定要搞懂公式如何導出來的，才能真正學會那道題，無法死記公式去解題。但聰明的傷官孩子在搞懂公式如何導出的同時，他們不需去背就已經將公式記住了。

很多父母會常質疑孩子：明明就是個聰明孩子，為什麼遇到需要背誦的科目就表現得不理想。原因就在於傷官孩子較無法死記，如果不能理清思維、邏輯，那個科目就學不好，理清了，他們自然就會記住。所以如果你要孩子去背那一年發生什麼戰爭，不如讓他去看那個戰爭的故事；要他背詩，不如讓他把那首詩的意境用故事講出來或用圖畫畫出來這樣的方式，對孩子會是輕鬆又有效的學習方法。

傷官孩子學習力很強，但在學習上卻是憑喜好決定成績的，喜歡的科目或喜歡的老師在學習成效上一定比較好，只要他想學的，花再多時間、精力他都願意，遇到問題也願意克服。與其強制學習，想方法去引導孩子喜歡學習的科目，是根本的辦法。

但傷官孩子一旦達到他的目標之後，往往就容易對其學習失去興趣，而把專注力移轉到別處，造成學習廣泛，會的東西很多，卻無一專精的狀態。所以如何對自己所學保持熱情及喜好，堅持在做好時依然持續追求更好是父母要幫助他們去養成的習性，而不是只要他喜歡就學，不喜歡時就放棄。

和食神孩子一樣，傷官孩子也是極佳的專業、技術型人才。只是傷官孩子主觀強，有自己的想法，又喜好學習，父母得花較多心思引導。只要讓他們學有所成，將來他們在自己的專業領域上就能發揮得很好。

正財、偏財

心中永遠帶著歡喜心的正、偏財孩子，每天都笑嘻嘻、樂呵呵的，愛玩、好奇心強，遇到不愉快的事、或是考試考差了也不會放在心中太久。父母帶這型孩子，平常都是開心的，但一遇到學習父母就覺得有點傷惱筋了。因為這型的孩子專心時間比較短，容易分心，坐不住，只要旁邊有些聲響，就會引發他的好奇心。所以孩子念書時可以給他一張乾淨的書桌和單獨念書用的空間，來增加並拉長他的專注力。

帶財的孩子有兩大喜好：就是玩和賺錢，所以，用輕鬆和玩的方式學習是適用的，舉例來說，線上應該有一些寓教於樂的學習軟體，比如背單字的遊戲APP、益智的科學網……等，讓他感覺學習是好玩有趣的。重點是：學習得好，將來賺錢比較容易、薪資比較高，用這樣的方式引發他的學習動機。兒子小時候要送他去學英文，我給他的動機就是：他喜歡旅行、交朋友，把英文學好，以後就可以到很多國家去玩。會英文，去了別的國家才懂別人在說些什麼，才有辦法和那裡的人溝通、交朋友。他聽進去了，就開開心心地去上英文班了。

所以玩和賺錢是引發這型孩子學習及做事的最好動機，但要提醒父母的是，別直接用「獎金」的方式引導孩子讀書，什麼意思呢？就是不要用考了幾分或第幾名就給多少錢或禮物的方式，如果你每次都用這種方法，對孩子當然有用，但孩子是不會把讀書、學習當作他自己的事，只會當成你要他做的事並賺獎學金而已，是很難主動學習的，甚至沒有獎勵就不做了。

那麼，用獎金或禮物的方式誘發孩子學習動力到底可不可行？當然可以，只是要慎用，所有的方法都是好的，只要用對時機、用對方式。比如大考，考初中、考高中、考大學時，孩子對考到好學校的衝勁不夠，或信心不夠，這時這一型的孩子可以用這種方法來激勵他的學習動機。

正官

溫和的正官孩子，學習上屬於四平八穩型的，不是太積極，但該完成的功課也會按時做好，並不需要父母太過擔心，不過也不會很積極的追求更好的表現，這一點就有賴父母的督促了。

正官孩子的一板一眼、慢慢來的性格，如果遇上急性子的父母，很容易產生過大壓力而讓正官孩子放棄自己，最好的方法是用穩定中求進步、正面鼓勵的方式，強化孩子的自信，讓他們一點一滴的累積進步，就會表現得愈來愈好，加上擁有極好的考運，成績是不用過度擔心的。

七殺（偏官）

有主見、不喜歡被管束的七殺孩子，在學習上的好壞取決於孩子本身對學習的看法和態度。如果認知學習是必要且是他要做到的事，那麼七殺孩子會想盡辦法學好。如果他認為可有可無或無需做好，那麼他也不會花太多心思去學習。

所以在學習上父母要幫助孩子的第一件事就是讓孩子認知學習是他當學生最重要且必須做好的事和責任，孩子接受了，接下來就只要幫助他找到適合的學習方法即可，無需過多的干涉。

在學習過程中，父母也要注意觀察孩子的心理狀態，七殺孩子的抗壓力比正官孩子強，可是一旦破了抗壓的臨界點，七殺孩子的反應是比較容易做出極端事情的。比如父母逼急了，他直接離家出走不回來，或是考試直接帶個零分回家，更甚者做出自我傷害的行為，這是父母要小心預防的。

正印

正印孩子在學習上和食神、正官孩子有點相似，都是四平八穩型的，而且他們也容易靜下心聽講、學習，不需要為他們擔心太多。

只是好命的正印孩子，父母總習慣性的為他們想多些，做多些，有時導致孩子依賴心強，性格較為慵懶，時時需要父母催促。其實父母反而應該訓練孩子獨立、自我要求學習的能力，遇到問題時自己找方法解決，而不是一碰到學習困難就盡快的幫孩子處理，讓孩子擁有處理學習問題的能力，才是對正印孩子最大的幫助。

偏印

偏印孩子的邏輯能力超強，聰明、創造力一流，喜歡特立獨行唱反調。在父母的立場，要怎麼樣幫助孩子把這樣的聰明才智用到學習上？最好的方法就是引導孩子自己分析思考，自己願意學習。

剛開始引導時，一定要有耐性慢慢磨孩子的心性（同時也是在磨父母的耐性），而且要狠下心讓他去犯錯，犯了錯再引導他思考，他才能真的接受並做修正。

兒子就是偏印的小孩，小學時考試常常不從最前面第一題開始寫，而是挑他較感興趣的部分開始寫，但他答題速度不快，通常考題前面是選擇、是非題，後面是比較需要思考的計算、申論題等，要耗時較久。不從頭寫考卷，極容易漏寫或在某些題目花太多時間不自覺而寫不完，我們也提醒他從頭寫才不容易出錯。有一回月考的國語，他從最後面的閱讀測驗寫起，結果四分之一的題目來不及寫完，成績可想而知，那回考完，我藉著這個機會好好的再次跟他溝通，讓他自己想清楚應該怎麼做才對，之後就沒有再發生這樣的問題了。

邏輯思考和創造力是偏印孩子的兩大優勢。他們絕不是像食神、正官、正印的孩子那樣會乖乖聽話學習，他們聽過之後還需經過自己的大腦消化，找出邏輯，再創造出自己的方式。有時大人們會認為為什麼簡單的事還要想這麼久，但偏印孩子沒理清自己的思考邏輯前是拿不出成績的，對此，父母要有更大的包容心和耐心去理解孩子並用適合的方法去引導。

三、興趣的培養

孩子教養中，當父母的總希望他們除了學習專業、將來有好工作發展之餘，也能有相伴一生的喜好、興趣能為他們調節生活、紓壓及有精神上的滋養，只是要給孩子學些什麼對他們最好？

在興趣的培養上，既然是興趣，那一定是孩子喜歡並覺得有趣、想去做的事，但如何引發孩子的好奇心讓他想做、想學，這就得靠父母了。

為孩子培養興趣時，如能依著孩子的天賦特長，讓孩子在學習當中增加成就感，將來也許可以發展成孩子的專長，我們可以參照命學中孩子的特質為他們找到適合發展的興趣，但孩子的喜好才是最重要的考量點。

以下列出十神的各類天賦，可供父母參考。

藝術類：食神、傷官、偏印

（音樂、繪畫、舞蹈、雕塑、拼布……）

創意邏輯類：傷官、偏印、七殺

（設計、棋藝、模型、機器人……）

科學類：傷官、偏印、七殺

（數學、天文、物理、科學實驗……）

文學藝文類：正印、食神

（寫作、藝文欣賞、詩詞……）

競技類：比肩、劫財、七殺

（體育、球類運動、武術……）

語言類：食神、正官、正印

投資理財類：正財、偏財、傷官

（經濟學、基金、房地產……）

領袖、統御、管理類：正官、七殺

（演說表達、領袖營……）

現在許多父母急於培養孩子的技能，很早就送孩子去上各式各樣的技藝課程，更有些父母怕孩子輸在起跑點，不斷催促逼迫孩子練習。在這個問題上，父母最好先理清給孩子學才藝的目的是什麼？只是要培養興趣還是培養孩子未來的專業？如果只是興趣，父母何不調整好自己的心態，陪孩子在才藝學習中玩得開心，讓孩子愛上他學的才藝，畢竟我們希望的是孩子會喜歡做一輩子的愛好，如果因為父母的態度反而讓孩子排斥了，這應該是父母不樂見的吧！

要是給孩子學的才藝是為他們將來的專業做準備，當然學習上得花更多的心思，這個部分考慮的條件就多了，包括孩子的天份、學習計畫、進度、師資等。父母可以多找些資訊，也可以請教專業老師，把孩子的練習放到每天的時間規劃中，但心態上還是要放輕鬆，先讓孩子喜歡做了再要求其他，畢竟孩子的路很長，不用急於一時要有成果。在碰到學習瓶頸時，更要注意幫助他們調適心理跨越困難，這時，高壓的嚴格要求只會讓他們更想放棄；適時的安慰、陪伴與理解反而會成為他們克服困難的動力。

下面我們透過名人們的命盤，讓父母們更瞭解各種十神不同的天賦，這些人的生日及相片來自網路上的公開訊息，沒有出生時間，所以命盤中只顯現前面三柱。

科學類案例

例1：李政道，1926年11月25日生於上海，江蘇蘇州人，哥倫比亞大學全校級教授，美籍華裔物理學家，1957年諾貝爾物理學獎得主。

十神	偏印	劫財	日主
天干	丙	己	戊
地支	寅	亥	午
藏干	甲 七殺 丙 偏印 戊 比肩	壬 偏財 甲 七殺	丁 正印 己 劫財

專業優勢點：偏印、七殺的邏輯能力，戊土的執著堅持，劫財、七殺做到最好的企圖心。

例2：李遠哲，1936年11月19日生於臺灣新竹，化學家，1986年獲得諾貝爾化學獎。

十神	傷官	偏財	日主
天干	丙	己	乙
地支	子	亥	巳
藏干	癸 偏印	壬 正印、甲 劫財	丙 傷官、戊 正財、庚 正官

專業優勢點：傷官、偏印的邏輯能力，正印能靜心、專注於研究。

藝術、舞臺表演、演藝人員案例

例1：郎朗，1982年6月14日出生，中國鋼琴家。多次國際鋼琴比賽得名，並獲傑出藝術成就獎，曾被《人物（青年版）》雜誌稱為「將改變世界的20名青年」之一。

十神	偏財	偏印	日主
天干	壬	丙	戊
地支	戌	午	辰
藏干	戊 比肩 辛 傷官 丁 正印	丁 正印 己 劫財	戊 比肩 乙 正官 癸 正財

專業優勢點：偏印、傷官的創造力及藝術能力。

例2：林懷民，1947年2月19日出生，臺灣現代舞蹈表演團體雲門舞集創辦人與藝術總監，作家、舞蹈家與編舞家。

2006年獲選Discovery頻道《臺灣人物誌》六名主角之一。

十神	偏印	正財	日主
天干	丁	壬	己
地支	亥	寅	巳
藏干	壬正財 甲正官	甲正官 丙正印 戊劫財	丙正印 戊劫財 庚傷官

專業優勢點：偏印的創造力及藝術能力。

例3：吳宗憲，1962年9月26日出生，臺灣著名男藝人、綜藝節目主持人、歌手、演員、唱片製作人。有「本土天王」、「綜藝天王」之稱號，跨域稱霸「金鐘獎」與「金曲獎」。

十神	正官	食神	日主
天干	壬	己	丁
地支	寅	酉	卯
藏干	甲 正印 丙 劫財 戊 傷官	辛 偏財	乙 偏印

專業優勢點：偏印的創造力及超強反應能力，食神、傷官的多才多藝，火屬性的熱情適合舞臺工作。

例4：那英，1967年11月27日出生，中國著名華語女歌手、演員，多次獲得中、港、臺流行歌曲最佳女歌手、最佳專輯等各種獎項。

十神	食神	七殺	日主
天干	丁	辛	乙
地支	未	亥	未
藏干	己 偏財 乙 比肩 丁 食神	壬 正印 甲 劫財	己 偏財 乙 比肩 丁 食神

專業優勢點：食神的音樂才能與多才多藝。

體育競技類案例

例1：李小龍（Bruce Lee），1940年11月27日生，武術家，國際影星、香港武打巨星，創截拳道，將Chinese Kung Fu（中國功夫）發揚到全世界。

十神	七殺	傷官	日主
天干	庚	丁	甲
地支	辰	亥	戌
藏干	戊 偏財 乙 劫財 癸 正印	壬 偏印 甲 比肩	戊 偏財 辛 正官 丁 傷官

專業優勢點：七殺、比劫善於競技、身體動態活動，並有堅強意志力及不服輸的精神。

例2：林書豪（Jeremy Shuhow Lin），1988年8月23日生於美國加州，美國職業籃球員，是NBA少數的亞裔美籍球員，2012年4月，被《時代雜誌》列為該年度百大風雲人物。

十神	偏印	比肩	日主
天干	戊	庚	庚
地支	辰	申	戌
藏干	癸乙戊 傷官 正財 偏印	戊壬庚 偏印 食神 比肩	丁辛戊 正官 劫財 偏印

專業優勢點：比肩善於競技、身體動態活動，並有堅強意志力及不服輸的精神。

設計、創意邏輯類案例

例1：貝聿銘，1917年4月26日生，華裔美籍建築師，1983年普立茲克獎得主，被譽為「現代主義建築的最後大師」。代表作品有法國巴黎羅浮宮擴建工程、香港中國銀行大廈、東海大學路思義教堂（與陳其寬共同設計，由陳其寬執行），近期作品有卡達杜哈伊斯蘭藝術博物館和中國駐美國大使館。

十神	正印	七殺	日主
天干	丁	甲	戊
地支	巳	辰	戌
藏干	丙 偏印 戊 比肩 庚 食神	戊 比肩 乙 正官 癸 正財	戊 比肩 辛 傷官 丁 正印

專業優勢點：七殺、偏印的設計、邏輯能力。

例2：史蒂夫・蓋瑞・沃茲尼克（Stephen Gary Wozniak），1950年8月11日出生於美國，電腦工程師，曾與史蒂夫・賈伯斯合夥創立蘋果電腦（今蘋果公司）。沃茲尼克在1970年代中期創造出第一代蘋果電腦和第二代蘋果電腦。

十神	食神	七殺	日主
天干	庚	甲	戊
地支	寅	申	寅
藏干	甲七殺 丙偏印 戊比肩	庚食神 壬偏財 戊比肩	甲七殺 丙偏印 戊比肩

專業優勢點：七殺、偏印的設計邏輯能力。

第二章　人際關係的養成

進入小學後，孩子開始有機會接觸更多比他們年長的學生，在班上也開始有學業競爭的壓力，同學間的相處和學校裡的人際關係比幼稚園時複雜，家長要多觀察孩子這方面的狀況，如果遇到問題，多和學校老師及心理輔導師請教處理。

從命盤中，帶食神、正印、正官、財的孩子遇到這方面的問題少一點，跟同學的相處比較融洽，其他帶傷官、偏印、七殺、比劫的孩子就需多加留意。

傷官、偏印的孩子獨來獨往，在事情上有自己的看法，加上說話直接易傷人。七殺孩子掌控性強，有時出於好意想幫助別的孩子，但表現的方式會讓人感覺多管閒事或強出頭而惹事。比肩、劫財的孩子喜歡和同學們玩在一起，但好勝不服輸的性格和急切想融入團體的心態，有時反而容易讓孩子覺得挫折。這些特質在人際上是比較不討好的，父母可以依據平日孩子跟同儕間的相處針對狀況給孩子一些提醒，幫助孩子找到處理人際關係的方法。

平時人際關係良好的孩子，遇到傷官、偏印、七殺、比劫流年時，父母也需注意孩子的狀況，這些流年，孩子性格及表達方式會與平時不同，尤其是命盤本身並未帶這些十神的孩子，相對在與人相處時會產生的問題也比較多，流年查找可參照第七篇。

第三章　關於金錢教育

現今社會孩子生得少，父母給孩子的經濟用度上自然可以多一些。但如果沒有給他們正確的金錢使用觀念，給得愈多，反而更容易養成孩子對物質的迷失而不知節制，想要就買，想花就花，沒有了再跟父母要。養成習慣之後，出社會工作賺的錢不夠花，或者根本無心工作，回家向父母伸手，以至於現在有愈來愈多的啃老族。

上了小學，孩子在學校時間長，父母通常會給零用錢讓他們在外餓了或臨時有需求時有錢用，這時正是培養孩子用錢觀念的好時機，可以教會他們分辨價值與價格、需求與想要、量入為出、儲蓄以備不時之需的好觀念。

人對物質的需求不外乎三種：必要、需要、想要。日常的吃穿用度是必要。有些東西你需要它，但沒有的時候也不會無法過叫需要；例如看到一枝喜歡的筆，孩子需要筆，但不買那枝筆也還有其他的可以用，有選擇性的。至於想要就是對物質本身的慾望了，比如看到漂亮的物品，買了不見得用得到，只是喜歡、想買，這就是單純的想要。

必要的當然一定會給孩子。但需要的物品，就要看父母的考量，可以就孩子的實際需求處理。至於想要的，既然給了孩子零用錢，可以請他自己規劃購買。在整個花用過程中，父母可以和孩子一起討論物品的價值和價格問題，錢花得值不值？需不需要花？如何規劃自己的零用錢等等問題，在這當中訓練孩子對金錢的概念以及理財的觀念。

兒子小三時開始給他零用錢，我還清楚的記得他拿到第一個星期零用錢時興奮的表情。最初兩個星期，我觀察他會怎麼運用，結果他每天上學時帶十塊出門（每天的零用錢額度），下課後就到家裡附近的商店去買玩具，一定要把十元花完才會回家。那兩個星期家裡多了好多劣質小玩具，兩個星期後我和他討論了這些玩具，以及他這樣花錢的想法。最後，我們達成了幾個共識：

1. 錢主要是給他帶去學校，如果他餓了可以買點心吃的，所以平時可以帶點錢在身上，以備不時之需。

2. 小玩具很快就會壞掉。如果把錢存下來，那麼等錢足夠時可以買品質好的玩具，比較耐玩，品質也比較安全。

3. 用小帳本記帳，清楚他把錢花在哪以及總共花多少錢。

4. 把錢分成三份，1/2 的錢是可以花用的。1/4 的錢存著平時不花，萬一大人不在或其他狀況需要的時候以備不時之需，另外的 1/4 可以捐給育幼院，跟有需要的孩子分享。

5. 爸媽只供應他必要的花費，需要的會考量著給，他想要的，爸媽不干涉，但他要自己存錢買。

從那時候起，兒子不會有錢就花，會思考錢花得有沒有價值還是亂花錢，當然他也會買一些他想要的東西，但絕不再亂買。事實上，他買的很多物品及玩具到現在長大了都還是他的收藏品。現在，他一人在外地念大學，我們每個月只給他固定花用的生活費，完全不需擔心他會不夠用或是不知節制。他也會利用寒暑假去打工，賺錢做為將來的旅遊基金，而不是來跟父母伸手要。

還是老話，孩子的第一次通常都是幫助他們養成好習慣的最好時機，父母一定要善用。在開始給孩子零用錢時，就能幫助他們學會好的理財觀。尤其命盤中帶偏財、比肩、劫財、正官的孩子，養成好的用錢習慣對他們來說是非常重要的。偏財、比肩、劫財看錢不重，花錢不把錢當錢，有錢就花，想要就花。比肩、劫財、正官的孩子看到別人有的，他們一定要有，還要比別人的好。這些狀況說大不大，但如果無限發展不知節制，那就容易產生問題了，現在很多年輕人的信用卡債大部分不就是這樣造成的嗎？

能夠從小幫助孩子有正確的金錢及物質觀念，等他們長大經濟獨立時，他們就更有能力為自己規劃好財務，也不容易無法抗拒物質的誘惑而欠債，父母自然不需為他們擔心，孩子也不會成為父母的負擔。

第五篇
中學階段的教養

第五篇

中學階段的教養

到了中學時期，孩子進入青春期。如果在幼兒及國小階段親子關係、孩子的許多習慣建立得好，這個時期隨著年紀增長，又更懂事了，就更不需父母擔心。但若前期沒有教養好，父母除了擔心課業、科系選擇之外，應該就得面臨孩子叛逆期的問題了。

所以在這一個階段，我們將著重在叛逆與學校科系選擇這兩大主題。

第一章　關於叛逆這件事

一般的觀念，這個年紀的孩子通常都比較叛逆，我們先來探討孩子叛逆的原因。

孩子到了青春期，開始想要展現自己的想法，不再只是依從父母的話，甚至他們覺得父母不懂他們的世代，他們想要脫離之前父母說、他們做的狀態，告訴父母他們長大了，有自己的想法，可以自己做主。但對父母而言，他們還是孩子，還不懂事，就是應該要聽話。如此，就產生了代溝，孩子覺得不管說什麼父母都有意見、都反對；父母覺得孩子唱反調，叛逆。

說白了，就是孩子覺得自己長大了想自己做主，但父母擔心孩子想得不夠周全，做錯事情，如此而已。只是，彼此都太急於讓對方聽自己的而產生爭執，那麼該怎麼辦？

其實只要願意花時間傾聽孩子說話，就能解決。

父母可以先耐心聽完孩子的想法，從孩子說的當中提出自己擔心的問題反問孩子，聽聽他怎麼說、怎麼想。這當中很重要的是父母就算不認同孩子的想法，都不能用輕蔑或責罵的語氣去否決孩子。不然，不只傷害了孩子的自尊心，將來，孩子更不願意跟你說真心話了。如果孩子可以提出解決的方法，那就放手讓他做了再來修正；如果孩子無法回答你的問題，再提出你的看法讓他做做看。

其實孩子有些時候不見得完全不聽父母的，只是他們希望你聽到他的聲音，知道他長大有自己的想法，認同他而已。叛逆是孩子希望父母聽到他的聲音而做出的行為，當孩子知道你是瞭解、認同並尊重他的，我想叛逆的行為是不會發生在你孩子身上的。

因為工作的關係，我並沒有很多時間陪兒子，但從他小時候我就常逗他跟我說話，從他在學校裡的點點滴滴到遊戲王卡、他玩的電玩、我聽不懂笑點他必須從頭解釋笑點在哪的笑話等等都是我們的話題。兒子跟我永遠有說不完的話，以至於在他中學時，他的父親告訴我：你兒子要進入叛逆期了。我直接回答他：你兒子不會有叛逆期的。為什麼？一個認為母親是全世界最瞭解他的孩子會出現叛逆的行為嗎？他需要嗎？

傾聽和理解永遠是解決孩子叛逆問題最有用的方法。請父母暫時放下一定要孩子聽長輩話的既有觀念，耐著性子聽聽孩子說吧！

第二章　學校、科系選擇

在國中階段，孩子即將面對高中、職校的選擇，高中階段也需決定大學的選系，為將來的職業奠定專業基礎及為踏進職場做準備。在國中、小時，孩子能對自己的興趣有明確的掌握，自然會有自己的目標，如此最好，否則在中學階段就需要父母、師長從旁協助孩子找到方向。

從命學角度來看孩子選科系的問題，如果可以順著孩子的天賦找到他們喜歡的科系當然最好，這樣對孩子的學習及未來的發展有事半功倍的效果。

下面我們從日主、五行、十神特性適合的職業類別來幫助孩子找出對他們最有利的科系選項。

一、日主

同一個日主但不同的月份出生，對應適合的行業也有所不同，可依據命盤中日主和月令查找出孩子適合的五行，再參照五行行業表找出適合的行業別做為選擇科系的參考。

步驟1：確認命盤中的日主和月令（如命盤中圈選的宮位）

十神	正印	正官	日主	偏財
天干	丁	乙	戊（圈選）	壬
地支	酉	巳（圈選）	丁	乙
藏干	辛 傷官	丙 偏印、戊 比肩、庚 食神	戊 比肩、辛 傷官、丁 正印	癸 正財

步驟2：找出適合的五行

日主＼月令	寅卯辰	巳午未	申酉戌	亥子丑
甲	土、金	水、木	水、木	火、土、金
乙	土、金	水、木	水、木	火、土、金
丙	金、水	金、水	木、火	木、火
丁	金、水	金、水	木、火	木、火
戊	火、土	水、木	火、土	火、土
己	火、土	水、木	火、土	火、土
庚	土、金	土、金	木、火	土、金
辛	土、金	土、金	木、火、水	土、金
壬	金、水	金、水	火、土	木、火、土
癸	金、水	金、水	火、土	木、火、土

步驟3：參照適合的五行行業

木屬性職業：與木材、植物相關之行業

木材、木器、家具、室內設計裝修、書店、紙業、出版業、文具、作家、圖書、宗教、哲學、教育、文學、文化、紡織業、服裝業、園藝、農場、種植、蔬果業、香料、花卉、中藥、醫療、護理、藥物、專業技術等相關的工作均屬「木」。

火屬性職業：與火、電能、熱能相關之行業

照明、燃料、冶煉、鑄造、鐘錶、油類、酒類、高熱、火藥、電力、核能、電信、資訊、網路、電腦、程式設計、電器、電子、電機、化工、塑膠、化妝品、電鍍、餐館、廚師、照相、歌舞、舞臺燈光、演藝、評論、演說等相關的工作均屬「火」。

土屬性職業：與土地、石礦相關之行業

房地產、建築、仲介業、土木、石材、磁器、磁磚、水泥、混凝土、堤防、防水、倉儲、農牧、農產、古董、考古、褓姆、祕書、會計、代書等相關的工作均屬「土」。

金屬性職業：與金屬、機械、金融相關之行業

金融、銀行、保險、證券、珠寶、五金、鋼鐵、機械、礦業、外科醫生、牙醫、汽車、交通、工程、科技、科學、雕刻、調查、稽核、稅捐、鑑定、軍警、武術、保安等相關的工作均屬「金」。

水屬性職業：與水、流通、觀光、服務性質相關之行業

貿易、商業、行銷、廣告、航運、海運、船業、報關、交通、消防、水利、水處理、衛浴、傳媒、娛樂業、旅遊、導遊、飯店、郵務、物流業、表演業、音響、美容、清潔、冷凍、冷飲、飲水、運動、健身、海產、水產、洗衣等相關的工作均屬「水」。

二、十神

相同日主命盤中帶了不同的十神，所顯現的思維方式和天賦能力也是有所不同的，可以依日主五行選擇喜歡並適合的領域，在相同領域中再依孩子的天賦選擇不同的區塊的職務與專業。

舉個例子：甲木寅月出生命帶七殺的孩子，五行適合土、金的行業。七殺，決策管理者。如果孩子喜歡金融，那麼學銀行管理方面的專業會比學金融投資來得適合。

以下是各個十神的天賦能力及適合的行業：

十神	天賦能力
比肩、劫財	執行者、公關人才
食神、傷官	專業技術型
正印	思想、溝通者

十神	天賦能力
正官、七殺	決策、管理型
正財、偏財	數字管理者
偏印	創意型、異路功名

比肩、劫財：自由業、服務業、行銷業、外交、律師、探險家、與人相關之行業（如包商，仲介……）、武職性、競爭性強或重勞動性之行業。

食神：研究、服務業、藝術、才藝、育樂影歌界、美術、美容、服裝設計、音樂家、美學家、廚師或餐館經營等有專業技術之行業。

傷官：研究、創造、技術性工作、美食家、演藝、歌唱、音樂、繪畫等藝術創作性工作、記者、運用口才之行業。較不喜歡從事重複、單調之工作。宜活潑、富於邏輯思考、變化、有挑戰性等性質之工作。

正財：金融界、證券業、財政、商務、外交、仲介、門市、管理、經濟等與金錢相關之行業。缺乏冒險精神，不適合從事投機性、風險高之工作，較適合靜態性如店舖、百貨業、公司企業等穩定性高之行業。

偏財：做生意、商業界、銷售、仲介、談判、貿易、製造生產、不動產投資、股票、證券、工廠投資、金融、財政。

喜歡自由無拘束、冒險性、風險性、活潑性、開拓性、挑戰性等動態性質的工作。不適合呆板、靜態之行業。

正官：政治、軍事、公教人員、行政幹部、公司主管、司法人員等具有行政、管理、組織、統御、領導性質之行業。

七殺：記者、軍事、警察、運動員、外科醫生、首領、指揮者、特技、探險等嚴苛、冒險患難或具有競爭與破壞性質之行業。

七殺也具有優異之文學資質，運動才能，及果斷的判斷力、行動力。

正印：文書、人事、代書、行政、文教、學術、宗教、文學、哲學、天文、占卜、星相、教師、牧師、育幼院、護士等行業。

由於心性清高，亦適合從事指導性如顧問型的工作，或善用自己豐富之學術知識從事著作、出版之工作。較不適合商業、鉤心鬥角或變化太大的行業。

偏印：研究、發明、藝術、創造、設計、企劃、高科技、醫師、宗教、哲學、天文、五術、占卜、星相、武術等。

屬於運用智力、創造力之工作者。極具應變能力，所以亦適合從事調查、偵訊、間諜、偵探等之工作。

第二章　有助於讀書學習的方位選擇（文昌位的運用）

在我們所生存的環境中，不同的方位具有不同的氣場，也就是科學上所稱的磁場。以北極為例，那裡就有著寒冷的氣場，也就是水的氣場。每個場域都可用五行來判別與個人之間的對應關係，依絕對地理位置或相對位置做運用。而家中有助於孩子讀書學習的位置，稱為文昌位。

文昌位是幫助孩子神清靈明，增加學習氣場的方位，可以把孩子的書房或書桌置於文昌位，如果房子配置不允許，也要維持該位置的整潔明亮，不要雜亂。易經取其象，這個位置雜亂，孩子的心思比較容易胡思亂想，靜不下來。

要進一步佈置文昌位的話，可以點長明燈或是掛一或四枝毛筆來當擺設，孩子考試用的筆及用具也可以放置於此處。

文昌位用孩子的生年來查找，見下表（注意年以立春為分界，詳見第二篇第二章第三部分之注意事項）：

西元出生年之男、女文昌位速見表

1964	1965	1966	1967	1968	1969	1970	1971	1972	男命
1973	1974	1975	1976	1977	1978	1979	1980	1981	
1982	1983	1984	1985	1986	1987	1988	1989	1990	
1991	1992	1993	1994	1995	1996	1997	1998	1999	
2000	2001	2002	2003	2004	2005	2006	2007	2008	
2009	2010	2011	2012	2013	2014	2015	2016	2017	
2018	2019	2020	2021	2022	2023	2024	2025	2026	
2027	2028	2029	2030	2031	2032	2033	2034	2035	
2036	2037	2038	2039	2040	2041	2042	2043	2044	
南	北	西南	東	西 北	中	西北	西	東北	方位
1967	1966	1965	1964	1963	1962	1961	1960	1959	女命
1976	1975	1974	1973	1972	1971	1970	1969	1968	
1985	1984	1983	1982	1981	1980	1979	1978	1977	
1994	1993	1992	1991	1990	1989	1988	1987	1986	
2003	2002	2001	2000	1999	1998	1997	1996	1995	
2012	2011	2010	2009	2008	2007	2006	2005	2004	
2021	2020	2019	2018	2017	2016	2015	2014	2013	
2030	2029	2028	2027	2026	2025	2024	2023	2022	
2039	2038	2037	2036	2035	2034	2033	2032	2031	
2048	2047	2046	2045	2044	2043	2042	2041	2040	

第四章　有助於考運的方位選擇

在易經五行中，每個方位都有其不同的五行氣場，善用時可以幫助提升個人需要的氣場能量。

從命盤當中，我們可以知道哪個方位對應什麼屬性是否有利，所以知道孩子的命盤就可以找出幫助孩子考運的方位，在運用上可做為選學校或考區很好的參考。實際方位以自己的家做為中心點找出東、西、南、北。也可選擇所在區域的絕對方位，以臺灣來說，臺北就是北方，高雄就是南方。

以日主為主，下面的方位是對考運會有助益的位置：

甲乙木：西方　丙丁火：北方

戊己土：東方　庚辛金：南方

壬癸水：中部

第五章　有助於孩子發展的方位選擇

每個人對不同方位氣場上都有不同的反應與感受，在有利的方位做事自然有事半功倍的效果，運用上小從一個室內空間，大到一個城市甚至一個國家的東西南北方位都是可以的，可視個人實際狀況選擇。

有利的方位如下，是每個人（不只孩子）都適用的，一樣用命盤中日主和月令的宮位查找：

日主＼月令	寅卯辰	巳午未	申酉戌	亥子丑
甲乙	中、西	東、北	東、北	南、中、西
丙丁	西、北	西、北	東、南	東、南
戊己	中、南	東、北	中、南	中、南
庚辛	中、西	中、西	北、東、南	中、西
壬癸	西、北	西、北	東、南、中	東、南、中

案例1：廖先生 男 1988年2月13日 巳時

諮詢問題：高中時母親詢問其升學問題，想考法律系，不知適不適合。

十神	比肩			七殺			日主			正印		
天干	戊			甲			戊			丁		
地支	辰			寅			戌			巳		
藏干	戊	乙	癸	甲	丙	戊	戊	辛	丁	丙	戊	庚
	比肩	正官	正財	七殺	偏印	比肩	比肩	傷官	正印	偏印	比肩	食神

此命盤帶七殺、比肩個性好強不服輸，加上戊土的執著，認定目標之後執行到底，更有正印特質，是個能動、能靜之人，堅毅沉穩，凡事自己會詳加思慮，也肯認真努力，所以並不需要父母太過擔心，只要他喜歡、認定的科系他就會努力讀的。

後來大學就讀法律系，學業繁重，而廖先生也十分用功，以優異的成績畢業。

七殺是很好的領導者，現在已在任職之投資公司擔任經理之職。

案例2：賴先生　男　1987年2月27日 酉時

諮詢問題：高中時母親詢問其升學問題，想知道適合就讀什麼科系。

十神	比肩	正官	日主	食神
天干	丁	壬	丁	己
地支	卯	寅	未	酉
藏干	乙 偏印	甲 正印、丙 劫財、戊 傷官	己 食神、乙 偏印、丁 比肩	辛 偏財

丁火寅月在五行中適合金、水的行業，金融、科技、服務業、商業等都是適合的。十神中的正官、食神特質屬於不會積極求新求變、穩紮穩打型的個性，適合在有健全升遷管道的大企業任職。

後來賴先生依照建議研讀電子資訊工程學系，目前任職於航空公司的飛機維護部門。

案例3：小旻 女 2002年9月30日 未時

十神	傷官	偏印	日主	偏財
天干	壬	己	辛	乙
地支	午	酉	丑	未
藏干	丁 七殺、己 偏印	辛 比肩	己 偏印、癸 食神、辛 比肩	己 偏印、乙 偏財、丁 七殺

小旻在高二時還沒有找到自己的興趣，隔年高三即將考大學選科系。辛金酉月，五行喜木、火、水的科目和行業，可參照五行所屬之職業類別。傷官、偏印為邏輯型的十神，不喜歡太過死板的科目，在研發、藝術、創造、設計、企劃、科技等類別有不錯的能力，是用技術、創意賺錢的命格。

事業柱偏財喜歡不受拘束的工作，整體命盤分析整合下，酒店旅遊服務業、園藝設計、網路、網頁、程式設計等等都是不錯的選擇。

小旻的文昌位在北，可將書桌置於家中或房間的北方，提升讀書學習的成效及好氣場。

對小旻考運有利的方位在南，大考時可選擇家中以南或是南區的考場。

在學校的選擇上可選東、南或北方的學校。

案例4：小伍　女　1995年04月13日　未時

十神	劫財	七殺	日主	正官
天干	乙	庚	甲	辛
地支	亥	辰	戌	未
藏干	壬 偏印、甲 比肩	戊 偏財、乙 劫財、癸 正印	戊 偏財、辛 正官、丁 傷官	己 正財、乙 劫財、丁 傷官

甲木辰月的小伍，五行喜土、金的科目及行業。劫財為一流的公關，正官、七殺有很好的官運和管理能力。

大學時讀的是金屬性的金融管理學系。畢業後，帶官殺考運很好的小伍考入臺灣菸酒公司，官殺本來就適合大企業有良好升遷的工作，才進入公司一、兩年的小伍已經是小主管了。

選讀的科系及工作能發揮命盤所長，一般來說，都能獲得順遂的人生。

案例5：元元 女 1993年06月17日 申時

十神	偏財	劫財	日主	正財
天干	癸	戊	己	壬
地支	酉	午	巳	申
藏干	辛 食神	丁 偏印、己 比肩	丙 正印、戊 劫財、庚 傷官	庚 傷官、壬 正財、戊 劫財

己土午月的元元，喜用五行中的水、木。命盤中財多又帶在年柱，從小就不是靜得下來乖乖念書的孩子。地支中食傷多，又是午月偏印的性格，適合學得一技之長，從專業上去發揮。

元元大學就讀商業相關科系，雖然帶財，對數字反應不差，但元元本身並不喜歡商科，畢業後當然不想找商業相關的工作，可是又沒有其他專長，不知該怎麼辦，整個人顯得很沒有自信。當時，她對室內設計很感興趣，可是又怕做不好，瞭解自己命盤中的食傷、偏印是有設計天份的，加上父親的支持，開始學習，有點基礎後先找了室內設計公司從工讀生做起，邊做邊學。

從大學畢業到現在三、四年的時間，元元已經考取數張室內設計相關證照，也早已成為設計公司的正式員工，並且很受老闆器重。找到自己的興趣及目標，並發揮命盤潛能及在工作上優異的表現，現在的元元整個人散發出自信的光彩。

第六篇

中學階段後的輔助

第六篇

中學階段後的輔助

孩子中學畢業後，通常選擇進入大學就讀，但也有些孩子中學階段後就踏入社會進入職場，開始獨立生活。不論孩子的選擇是就學還是就業，父母的角色已經不再是用教養的角度去對待孩子。他們的年紀已接近成年，是獨立個體了，這時父母該放手讓孩子走他們自己人生的道路，而非手把手的去照顧他們，是該成為輔助孩子獨立的推手，而非教養者了。

父母多以關心的立場與孩子溝通即可，瞭解孩子的想法與做法，這個年紀的孩子在考慮事情的面向上當然不可能做全面的考量，父母可以適當的提出建議與分析給孩子參考。但提醒父母不要幫他們下決定或堅決要孩子聽大人的，孩子總有一天要能獨當一面，年輕時就算決定下得不好或事情沒做好總有修正的機會，趁孩子年紀輕讓他們有經歷與修正錯誤經驗的機會好過年紀大了才學會處理事情。人生不可能一輩子都沒有挫折，孩子能早一點學會為自己的決策負責，面對問題、解決問題，這樣的孩子，到哪都可以過得很好的。

大學生活的迷思

孩子進入大學，從高中課業高度壓力中解放，加上大學在學習上已不再有老師的督促，完全自由開放的學習，時間上完全自主，如果孩子不懂自我安排，容易成為開心玩四年的狀況，浪費了最好的學習時機以及大學裡寶貴的學習資源。當然父母也不需太過著急，先觀察孩子的狀態，適時關心瞭解他們對自己大學生活的規劃與安排，無需過多的干涉，依孩子的規劃給予分析建議即可。

大學基本上是孩子們對專業的建立及職涯的準備期，如果他們清楚自己想學的專業、想走的路、想做的事，那麼在學習上按部就班地做即可。

但現在有很多孩子進大學只是想拿文憑，所學的並不是他們真正想要的，甚至有些孩子連自己想要什麼都還搞不清楚。如果是這種狀況，可以鼓勵孩子在學校裡多去旁聽不同系所的課程或參與不同社團的活動，在大一時盡快找到自己的方向，可在大二轉系或是直接用選修或雙學位的方式學習自己有興趣的專業。

很多孩子在大學時會去打工，除了賺錢，其實可藉打工之餘，增加很多對自己有利的社會經驗，而不只是以賺錢為目的。比如可以找跟所學專業相關的工作，或是將來想從事的行業，不管薪資高低，只要可以幫助自己多接觸專業領域、開擴視野、累積人脈和經驗即可。這樣將來畢業進入職場時可以更快進入狀況，或是將來想繼續讀研究所，那麼鑽研的方向會更明確，而不至於花了多年學習的心血，到最後用不了。

身邊有位朋友的兒子，就把自己大學四年安排運用得很好。他當時放棄就讀名校，選了課業不重的夜間部大學，白天找了自己想從事行業的公司從最基層做起，大學四年他做所有公司裡別人不願做而丟給他的工作並且從中學會公司所有技能。畢業那年，老闆以三倍高薪要聘他升任公司管理職，被他婉拒，老闆惜才，還登門請朋友當說客希望能留住他，最後他還是依照自己當時的規劃，用四年存下的第一桶金創業。現在，不僅將自己的公司經營得有聲有色，收入也是同齡孩子的數倍，最重要的是他做自己喜歡並做得開心的事，而他自己設的目標也一件件的完成。

大學是一個人最精華的時間，一定要好好運用這四年，為將來的職涯打下好基礎。

第七篇 流年氣場對孩子的影響與運用

第七篇

流年氣場對孩子的影響與運用

很多父母在教養孩子的過程常會疑惑：為什麼孩子的個性突然有了改變，和他們原來的性格不太一樣。變好，那父母會挺開心的，最怕的是孩子突然變了樣，頂嘴、不好好學習、不聽話等等，讓父母傷透腦筋。其實，有些狀況是因為每一年天地宇宙間氣場的變化對孩子產生的影響，不好的狀況只要知道發生的原因，好好處理，隔年就會恢復正常的，怕的是沒有處理好，變成延續的問題就比較麻煩。這個章節我們就從命學的流年角度來探討遇到不同的年在孩子身上產生的狀態。

每一年的起始點要以立春為準，大約是新曆2月4日前後，流年氣場的變化在立春前後兩、三個月常有兩年交疊的現象，建議父母在每年中秋後就可先查看隔年流年，事先規劃準備。

下面的表格可查出不同日主每一年的流年，再對照解說，就可知道孩子當年的性格變化，查表用「西元年的尾數」和命盤的「日主」來查。

舉例說明1：要知道丙火孩子 2020 年的流年狀況：

從年的尾數 0 與**丙**日主在表中即可查出「偏財」，由此可知，丙日主在 2020 年走「偏財」流年，再對照後面偏財的解說即可知道丙火孩子 2020 年的狀態。

舉例說明2：要知道辛金日主 2016 年的流年狀況：

從年的尾數 6 與**辛**日主在表中即可查出「正官」，由此可知，辛日主在 2016 年走「正官」流年，再對照後面正官的解說即可知道辛金孩子 2016 年的狀態。

9	8	7	6	5	4	3	2	1	0	西洋年尾數／日主
正財	偏財	傷官	食神	劫財	比肩	正印	偏印	正官	七殺	甲
偏財	正財	食神	傷官	比肩	劫財	偏印	正印	七殺	正官	乙
傷官	食神	劫財	比肩	正印	偏印	正官	七殺	正財	偏財	丙
食神	傷官	比肩	劫財	偏印	正印	七殺	正官	偏財	正財	丁
劫財	比肩	正印	偏印	正官	七殺	正財	偏財	傷官	食神	戊
比肩	劫財	偏印	正印	七殺	正官	偏財	正財	食神	傷官	己
正印	偏印	正官	七殺	正財	偏財	傷官	食神	劫財	比肩	庚
偏印	正印	七殺	正官	偏財	正財	食神	傷官	比肩	劫財	辛
正官	七殺	正財	偏財	傷官	食神	劫財	比肩	正印	偏印	壬
七殺	正官	偏財	正財	食神	傷官	比肩	劫財	偏印	正印	癸

比肩、劫財

在比肩、劫財年時，孩子性格上變得好強、逞能，不管是有形的物質或是有競爭性的事物，凡事都不能忍受輸給別人。若有在意的事輸了，情緒上的起伏很大，所以父母可以運用這個流年幫助孩子學會處理輸贏的心態，勝不驕，輸了如何從中學到經驗，保持平和的心態。

這個年會特別在乎身邊的朋友，相對的也很容易受朋友影響，要多留心孩子交了什麼樣的朋友，在外面都做些什麼。如果身邊有值得結交的好朋友，相信父母能看到孩子的進步；但如果碰到了有不良習性的朋友，要注意孩子別學壞了。

比劫年的孩子對於強硬的命令容易產生敵對與反抗的情緒，父母可以用商量或是溝通的軟性方式才不會造成親子之間的對立與爭執。另外，也要多注意孩子的健康問題，小心照顧，有輕微不舒服就要去看醫生，不要拖。

在金錢花用上，比劫年有多少花多少，父母要注意孩子別養成浪費或不好的花費習性。

食神

食神年要區分兩種命盤來看。

第一種

十神中有偏印的命盤，例如下面的命盤：2020年由表中查出戊日主走食神年，其命盤十神中有偏印者。

十神	天干	地支
偏印	丙	申
正官	乙	未
日主	戊	戌
偏財	壬	子

這一年孩子心性上容易浮躁，考試、做事常粗心大意。說

話心直口快，常得罪人，也容易受傷。父母要多提醒孩子凡事三思而行，說話想過再說。考試、做事時要檢查或再次確認，避免錯誤。出門時要多注意安全，小心血光意外。這樣可以少很多麻煩及問題。

第二種

十神沒有偏印的命盤，就是走單純的食神年。食神年的孩子，凡事樂觀、做事四平八穩慢慢來，對任何事都比較不會放在心上，所以這一年父母最常聽到孩子說的話大概就是「沒關係」這三個字。性子急的爸媽看食神年孩子讀書、做事可能會急出一身汗，但慢並不表示他們不用心、做不好，所以父母不用太著急。

食神年孩子在學習上的領悟力會提高，是個高效的學習年，如果想讓孩子學新的科目或才藝等，可以好好運用這一年，事半功倍。孩子平常學得不太好的功課，也可以在這樣的年多補強。

傷官

傷官流年很明顯的狀況是孩子情緒起伏很大，凡事很強調感覺，感覺不對就沒心思做事。尤其命盤中帶正官的孩子，父母會覺得他們個性上變了個人，和往常不太一樣，比較不聽話，對事意見特別多。所以這樣的年，父母與其和他們講道理不如先聽他們說話和用同理心去理解他們的情緒，情緒搞定，你要他們做的事也就搞定了。

這一年也和食神年一樣，是一個很好的學習年，領悟力強，事半功倍。不同的是食神年老師教的、背的照單全收；但傷官只學他們感興趣的，而且強調邏輯合理。所以這一年要讓他們學新事物，得讓孩子喜歡才會認真學。

傷官流年也是考運不好的一年。如果剛好遇到大考，父母要有心理準備，可加強孩子文昌位的佈置，為孩子祈福，方法請參照第五篇第三章。如果只是學校小考，要在意的是孩子是否真的學懂即可，考試成績就別太要求了。但如果是技藝競賽、證照考試之類，孩子反而會有好的表現。

建議孩子在這個年處事要低調，不要強出頭，不該做的就不能做，不要有僥倖心理，別人的事更不宜插手說嘴，否則，容易惹麻煩。

傷官也是要留心孩子健康的一年，尤其要小心血光之類的意外事故。提醒孩子早點回家，行車、走路要當心，切勿急躁求快。

正財、偏財

孩子走正、偏財年時會變得比較貪玩，念書容易分心，父母可以在孩子的讀書環境上下點工夫，把會影響他們的物品收走，減少讓他們分心的狀態。

在這個流年用「獎學金」及「獎品」來增加孩子學習動機是可行的，但要小心別讓孩子養成錯誤的價值觀，只為了獎勵才努力。

大一點的孩子在這個流年時，會想去打工賺錢，也會想到處旅遊。多累積些經驗及增廣見聞也是好事，但要提醒他們不要因為打工或遊玩影響到課業，如果可以多些對將來工作有幫助的視野及經驗就更好了。

青春期的男孩，在財流年時會對異性產生好奇心，想嘗試與異性交往，同時，也會吸引女孩的目光。父母可以趁機給孩子正確兩性交往的觀念，幫助孩子將來懂得經營感情並有良好的兩性互動能力。

正官

正官年也要區分兩種命盤來看。

第一種

十神中有傷官的命盤。例如下面的命盤：2020年由表中

十神	天干	地支
傷官	丙	申
正印	壬	辰
日主	乙	丑
偏財	己	卯

查出乙日主走正官年，其命盤十神中有傷官者。

這一年跟傷官年一樣要留心孩子的健康，出門在外要小心以減少意外事故。

在學校裡處事要低調，勿強出頭，不好的事就算再小都不能做。之前有個學生的孩子在這樣的年時，考試同學作弊，請他代傳紙條，結果被老師抓到，同學沒事，變成是他作弊被記過。所以這樣的流年，只要一切都按照規定做事，會少很多問題。

第二種

十神沒有傷官的命盤，就是走單純的正官年，跟前面的狀態完全不同。

這一年，父母會感覺孩子乖巧聽話，不太需要擔心，在學校裡的表現也不錯。唯獨要注意一點：這個流年孩子會很在意面子問題，父母不可在眾人面前責罵或讓他下不了臺，否則孩子會因此和父母對抗或產生爭執，嚴重的話，會在孩子心中留下陰影。

在物質上，孩子也容易有比較心理，父母要留心孩子的變化，不要在這個年養成了不良的價值觀。

正官流年孩子的考運很好，如果在這時候剛好遇上大考，孩子會表現得比平時成績好很多。要是有一些資格考試或是參加國家的高普考、公務員考試等等可以好好保握這一年。

青春期的女孩，在正官流年時會對異性產生好奇心，想嘗試與異性交往，也會吸引異性的目光。同樣，父母可以趁這個流年給孩子正確兩性交往的觀念，學會交往中保護自己，幫助孩子將來懂得經營感情並有良好的兩性互動能力。

七殺

七殺流年的孩子性格專斷獨行，比較兇悍霸氣。命盤中沒有七殺本來是屬於比較溫和的性格，走到這樣的年，父母會覺得孩子變了個人，對長輩的要求也會有自己的意見，不再那麼聽話照做。但七殺是有責任感並且肯做事的，父母要避免用高壓的方式，聽聽孩子的想法，討論可行的方法後放手讓孩子去做，過程中不要過多干涉，關心即可，藉此培養他們更多的責任心及自信。

如果是女孩，建議父母在這一年接送孩子上下課。如無法接送，要求她不可太晚回家，不要獨自一人去太暗的地方並且盡量結伴同行，以避免不必要的意外及騷擾。

七殺流年時，健康上也要特別注意，容易有血光、開刀、意外等問題，身體不舒服要盡早就醫不可拖延，否則容易出大問題，氣場不好或過於陰暗的地方避免前往。

這個流年，孩子會力求表現，同時給自己比較大的壓力，父母要仔細觀察孩子的心理變化，給予適時的紓解，以免因為過大的壓力產生不好的行為傷害自己，做出後悔的事。

和正官流年一樣，青春期的女孩也會對異性產生好奇心，想嘗試與異性交往，也會吸引異性的目光。父母可藉機給孩子正確兩性相處的觀念。不同的是這個流年，女孩一定要學會在交往中保護自己，懂得拒絕，避免單獨與異性去過於偏僻的地方，以免出事。

正印

正印的流年，孩子諸事平順，逢凶化吉。但個性上較為懶散、緩慢，想多做少。這個年貴人運旺，長輩常順手就幫孩子把該做的事做了，要當心養成孩子的依賴性。

這一年裡，孩子不喜歡太吵鬧的環境。能靜下心去做事、讀書，如需準備考試，可好好善用這一年。

偏印

這一年父母會覺得孩子老是頂嘴、唱反調，很難帶。其實孩子只是想表達自己的看法，展現自己獨特的一面，並不是真的想反對其他人，但旁人總會因為他們的言語、行為而抓狂。知道這點就不難處理了，父母不用急著要他們聽話，先聽聽孩子說，如果孩子的方式有問題，把問題丟回去請他解決即可，無法解決就只能照父母的意思做，如此，他們就不會再堅持自己的想法了。

偏印年也是孩子創造力和想像力爆發的年，如果父母打算培養孩子需要創意的技能，例如音樂、藝術、設計……等，可以好好運用這一年多加強，找個能幫孩子把創造力開發出來的老師，吸引孩子想學，千萬不要用強制的方式，否則孩子只會因反對而反對的和父母對峙。

命盤中的十神如果有帶食神者，父母也要小心避免意外受傷的問題。還要注意孩子在學校的狀況，尤其是與同學們的相處上是否遇到困難。

案例1：劉小姐 女 1968年3月8日 酉時

諮詢問題：想考公務員，問是否能如願？

十神	正財	傷官	日主	比肩
天干	戊	丙	乙	乙
地支	申	辰	巳	酉
藏干	庚 正官、壬 正印、戊 正財	戊 正財、乙 比肩、癸 偏印	丙 傷官、戊 正財、庚 正官	辛 七殺

八字命帶傷官，考運不佳，命中又有比肩，經常遭遇眾多競爭者，加上公務員錄取率極低，本來考上機率不高，來諮詢時是西元二千年，由命盤中得知在隔年(2001)太歲流年壓制傷官，破了考運不佳的狀況，且為七殺流年可以制化比肩，不怕競爭的問題，整體帶來很好的運勢，鼓勵她好好努力用功，考上機會極高。

隔年果然順利通過高普考試，當上公務員，現服務於戶政單位。

案例2：小玲　女　2013年12月17日　丑時

諮詢問題：孩子今年(2018)年突然變得愛頂嘴、不聽話，怎麼講都講不聽，媽媽很困擾，詢問怎麼辦？

十神	七殺			正印			日主			偏財		
天干	癸			甲			丁			辛		
地支	巳			子			巳			丑		
藏干	丙	戊	庚		癸		丙	戊	庚	己	癸	辛
	劫財	傷官	正財		七殺		劫財	傷官	正財	食神	七殺	正財

小玲丁火、七殺、正印的性格，是個極有自己想法的孩子，但陰天干日主，屬內斂型，並不會事事爭強、表達自己的想法。

2018流年為傷官年，傷官的特質讓孩子情緒波動大，並用喜好處事，不高興、不喜歡時直接說，據理力爭，和以往有所不同。加上時間已是年底，明年(2019)亥年的氣場慢慢形成中，亥與小玲的父母宮（年柱）為沖局，而小玲媽媽的子息宮剛好也是沖局，造成小玲與媽媽之間的相處常常起衝突，自然而然媽媽會覺得本來聽話的孩子怎麼變了個樣。這種狀況會一直持續到2019年結束。

知道原因後，建議小玲媽媽2018、2019這兩年孩子發脾氣時宜冷處理，等她情緒冷靜後再講理，趁機教會孩子控制脾氣，要求孩子做的事下達命令就好，孩子抗議時不需與她爭執，冷靜告訴她就是要這樣做，因為年柱的巳與流年的亥碰撞在一起時的習性就是會在嘴巴上爭輸贏，媽媽無需引發孩子爭執的心，做就是了，等這兩年過後，孩子個性上自然恢復原來的樣子。

不過媽媽還是要真正的瞭解小玲在想什麼，因為聽話並非真的認同媽媽，只是不反抗而已，真正理解孩子才能找到良好的溝通方式，不被流年所阻礙，也能好好幫助她發揮命格優勢。

案例3：陳小姐 女 1987年3月21日 巳時

諮詢問題：適合考公職嗎？能否考上？

十神	偏印	偏財	日主	比肩
天干	丁	癸	己	己
地支	卯	卯	巳	巳
藏干	乙 正官	乙 正官	丙 正印、戊 劫財、庚 傷官	丙 正印、戊 劫財、庚 傷官

陳小姐大學時還沒摸索出自己的道路，畢業後先在飯店裡工作，之後通過考試，進入一家科技公司擔任助理工程師。做了幾年，感覺辦公室坐膩了，加上科技業有裁員風險，不是很穩定，2013年時她興起報考公職的念頭，想要安定的生活。

透過命學的分析，陳小姐偏印、偏財、比肩的性格，好動閒不住、喜歡與人接觸、不喜歡太過於一成不變和死板的工作，並不適合公職中穩定的行政工作，討論之後，決定報考法警特考。且2014、2015兩年陳小姐走官殺年，原本暗藏的正官星浮現於天干，考運很好，極有機會上榜。於是，2013年開始準備考試，這一年她邊工作邊讀書，2014年時辭掉工作上補習班全力衝刺，2015年順利考取法警。

現在任職於臺北高等法院，對於法警多元不死板的工作型態，陳小姐相當滿意，既符合她好動的性格，也能擁有穩定的生活。

案例4：小薰　女　1994年12月4日　卯時

諮詢問題：小薰在新加坡的幼稚園工作，在工作上非常努力，但主管對其表現不滿意，擔心被解聘。

小薰日主甲木直來直往的性格，加上傷官，只會對孩子好，命中缺金無官殺，壓不住孩子，並不適合當幼教老師。

十神	比肩	劫財	日主	傷官
天干	甲	乙	甲	丁
地支	戌	亥	子	卯
藏干	戊 偏財 辛 正官 丁 傷官	壬 偏印 甲 比肩	癸 正印	乙 劫財

傷官特質和甲木都是學有專精的技術人才，建議小薰從自己專精的技術上去發展，工作會比較得心應手，如魚得水。如果真的喜歡教育工作，可以往更專精的科目學習，將來當職校或大學的教師較為合適。

2017丁酉年小薰流年走傷官，並且沖剋事業宮，皆不利於工作狀況，幼稚園裡的孩子很不聽話，加上本身工作上做得相當勉強，當年被解聘了。

勉強做不適合的工作，尤其某些性格並不是努力就可以克服，最終還是做不下去的，如果能從自己優勢的特質去發展，才容易獲得成功。

案例5：小樺 女 2015年4月28日 申時

諮詢問題：健康狀況及流年應注意事項。

十神	劫財	七殺	日主	偏印
天干	乙	庚	甲	壬
地支	未	辰	戌	申
藏干	己 正財 乙 劫財 丁 傷官	戊 偏財 乙 劫財 癸 正印	戊 偏財 辛 正官 丁 傷官	庚 七殺 壬 偏印 戊 偏財

小樺今年(2020)常感冒生病，媽媽有些擔心。

甲木日主2020年庚子流年走七殺運，所以今年孩子身體健康狀況本來就得特別照顧，加上五歲的小樺目前讀幼稚園中班，小朋友免疫力較差，學校裡只要有孩子生病就容易被傳染，媽媽可以讓小樺多運動、多補充可提升免疫力的食物，生病了要趕快看醫生不可拖延。

另外，七殺流年也容易有血光之災，所以

孩子的房間及活動空間要注意避免尖銳的物品，桌角及櫃子邊宜包覆，減少孩子受傷機率。外出宜選擇安全的空間。

平時可常用檀香、芙蓉、艾草等幫小樺沐浴，外出也可隨身攜帶，或用小羅盤護身，來幫小樺提升氣場能量。

第八篇

運用案例

第八篇

運用案例

此篇將以實際案例進一步說明如何運用本書來輔助孩子的教養。

案例一：信 男 2006年5月31日晚子時生

此命盤庚金日主、巳月出生，十神為七殺、傷官、偏印，現今十四歲（2020年），國中二年級學生。

性格分析：可從第二篇第五章查找

庚金：大斧頭，重義氣、心直口快、說話算話、吃軟不吃硬。

巳月：蛇，善辯、性子急，不服輸、沒有持續力。

十神	七殺			傷官			日主			偏印		
天干	丙火			癸水			庚金			戊土		
地支	戌土			巳火			申金			子水		
藏干	戊	辛	丁	丙	戊	庚	庚	壬	戊		癸	
	偏印	劫財	正官	七殺	偏印	比肩	比肩	食神	偏印		傷官	

七殺：不服輸、性子急、執行能力強、行動派、責任心強。

傷官：有個性、有自己的想法、說話直接、情緒化、感性。

偏印：機敏、警覺多疑、不善於與人交往、有自己的想法。

從以上分析綜合來看，信是個很有自己想法的孩子，好強、性子急、憑感覺做事，對喜歡的人所說的都能接受，對喜歡的事會全力去做。但在命盤中顯現孩子的父親用的是比較威權的教育方式（年柱丙火剋日主庚金），這會造成父子間不斷地爭執，也讓父親覺得孩子很難教。

而母親是較寵孩子，拿孩子沒辦法的媽媽（年柱戊土生日主庚金）。

從命學角度，這個孩子要使用引導思考的方式，不宜過度強硬或用命令式的溝通方法。長輩愈強硬，孩子反彈就愈大，尤其是現在屬於較叛逆的年紀，不僅父子間的關係會愈趨緊張，也會讓孩子的思想行為愈發偏激。其實庚金孩子重朋友、講義氣，父親若能用朋友的方式對待，反而能促進彼此關係。

父母也可以善用偏印、傷官聰明、邏輯強的特質引導孩子思考並讓孩子表達想法，取得共識，再用七殺的責任心及庚金一旦承諾就會做到的特質要求孩子去做，如此必能有良好的親子溝通。

父母也要留心孩子交友及人際溝通表達的培養，庚金孩子重朋友講義氣，但庚金、巳月、傷官、偏印這些特質在談話上都屬直來直往容易得罪人而不自知的性格，在人際上很吃虧的，父母可以在平時談話中多提醒孩子或讓孩子去學習人際溝通的技巧，讓孩子在人際上減少挫折。

健康照護分析：可參照第三篇第二章

庚金：肺、大腸、呼吸系統、牙齒、筋骨。

命盤缺木：肝、膽、免疫系統。

孩子的命盤先天弱點在金與木的問題，要留心是否對食物及環境有過敏現象，並養成良好固定的排便習慣、口腔衛生以及睡眠習慣，早睡早起，不要熬夜，也可多做些對增進肺活量及呼吸系統有益的運動。

學習特質：可從第四篇第一章查找

庚金日主：規律性強。

七殺：決策型、邏輯型。

傷官：邏輯型、感覺型。

偏印：創意、邏輯型。

從以上綜合來看，孩子在理科及藝術類別的科目表現會優於文科，喜歡動腦，不善於背誦，而傷官及偏印特質又挑喜歡的學，所以在不擅長的科目上父母要花些心思，或是找到可以幫助孩子理出對科目學習上合他自己邏輯方式的老師，只要找對方法，他就可以學得很好，加上是規律型的性格，建立固定的學習時間及模式也是重要的。

小孩現在國中二年級，明年將面臨高中、職的大考。若孩子已經有明確的方向，就可依他的興趣選擇。若沒有，以命盤優勢而言，孩子走技職體系教育會強於高中體系，原因一是傷官在一般考試中考運較差，而在專業技術的評比上卻佔優勢，所以在將來考科技大學的運勢會強於考一般大學。二是傷官及偏印在技術上的學習力很強，只要是他喜歡的，七殺特質能讓他克服持續力不佳的問題，讓他在技職體系教育中學得好也學得開心；而高中讀的學程較會出現對沒興趣科目不用心的問題。

文昌位：西北方

官位（考試方）：南方

適合的科系及職業類別：可從第五篇第二章查找

這個孩子適合的五行為土和金。當然，孩子若有自己喜好及想發展的興趣最好，如果沒有，可從職業參照表及七殺、傷官、偏印特質中找到適合及喜歡的行業別，會對他較有利於未來的發展。

整體來說，孩子適合富於邏輯思考、有變化、運用創意並有挑戰性等性質的工作，不適合重覆性太多的科目及技術。七殺本身也有領導管理的特質，除了學習專業之外也可加強管理及心理學方面的知識，對將來的職涯極有助益。

有助信發展的方位：中、西方。

2020 年流年狀況：可參照第七篇內容

今年孩子為比肩流年，加上國二的年紀對同儕的認同感較為在意，所以父母要留心孩子在外交友的狀況，如果身邊能有在意學習及成績的朋友，就無需擔心明年大考了。

在性格上，今年會有極強的好勝心，行事上要注意提醒孩子勿衝動。當然父母在跟孩子溝通時勿用強硬、命令的方式，會引起孩子反彈。也可善用激將法，引發孩子用功的動力。同時今年也會對異性產生好奇，父母可以給予一些與異性相處的正確觀念。

案例二：豐 女 2020年2月3日午時生

此命盤丙火日主、丑月出生，十神為傷官、劫財、偏印，現今一歲（2020年），剛出生不久之女嬰。

十神	傷官	劫財	日主	偏印
天干	己土	丁火	丙火	甲木
地支	亥水	丑土	子水	午火
藏干	壬 七殺、甲 偏印	己 傷官、癸 正官、辛 正財	癸 正官	丁 劫財、己 傷官

性格分析：可從第二篇第五章查找

丙火：太陽、熱情、性格大而化之、性急、記性不佳、不記仇。

丑月：牛，任勞任怨、踏實、善良、固執。

傷官：有個性、有自己的想法、情緒化、感性。

劫財：重朋友、重感情、好強、不會拒絕，不懂說NO。

偏印：機敏、警覺多疑、不善於與人交往、有自己的想法。

以上分析綜合來看，這是個善良、肯為人付出又不懂保護自己的漂亮小女孩，雖然很有自己想法，但劫財的不會拒絕，會讓她委屈自己去配合他人。

命盤中顯現父母與孩子間，孩子比較會聽爸爸的話（日主丙火生年柱己土，且父親的命格日主為戊土），母親則是會用較嚴格的教養方式（年柱亥水剋日主丙火，母親本身日主為甲木），可是卻又禁不起孩子請求哭鬧而放棄原則的媽媽，如果媽媽希望能在孩子面前建立威信、讓孩子聽話，則要在孩子哭鬧時能堅守自己的原則不妥協。

丙火小孩是隨性又容易忘東忘西的性格，在習慣與觀念的建立上，父母要不厭其煩地多提醒幾回，也要養成她事先準備的習慣，長大後會比較無需為她的健忘擔心。

因為才剛出生，所以重要的還是要放在健康的維護上。其他人格教育及規矩、習慣、能力的培養就要請父母好好思考，希望培育出什麼特質的孩子，可參照第三篇的三、四章做出規劃。

健康照護分析：可參照第三篇第二章

丙火：心、小腸、循環系統、眼睛。

命盤缺金：肺、大腸、呼吸系統、牙齒、筋骨。

孩子的命盤先天弱點在火的循環與金的上呼吸道及排泄問題，宜從小養成運動的習慣來預防與增強身體新陳代謝、營養吸收的狀況。

丙火孩子也容易有眼睛方面的問題，父母親在3C產品與電視影片的觀看，能愈晚讓孩子接觸愈好，在觀看時間上也要嚴格要求，以免過早有近視或弱視的問題。開始訓練孩子拿筆時也要多注意坐姿。

另外在命盤中缺金，也要好好留心口腔的清潔問題，以免將來牙齒問題多，可以在孩子喝完奶後給她喝些開水或用紗布清潔口腔，等到一、兩週歲左右就可以開始訓練刷牙的習慣。

由於年柱傷官，父母也要特別小心孩子受傷問題，建議家中的桌角、樓梯、牆角要做安全防護，以及孩子的遊戲區宜用軟墊鋪地，這樣即使跌倒也不容易受傷。

學習特質與興趣培養：可從第四篇第一章查找

丙火日主：隨興、沒耐性。

傷官：邏輯型、感覺型。

劫財：競爭型、群眾型。

偏印：創意、邏輯型。

剛出生的孩子談學習有點過早，但這孩子的年柱傷官，年柱天干表1～8歲左右，傷官是很強的學習星，表示1～8歲是孩子的黃金學習期。這個時期不可能做太多技藝的訓練，但父母可以在玩具的選擇及平時和孩子遊戲當中多選擇與藝術、創意邏輯、科學等有關的，一方面在玩的過程中培養、鞏固孩子這些項目上的能力；

一方面觀察她在哪一部分的能力最強，等大一點時可以讓她接觸相關課程。要注意的是丙火日主與傷官都屬於三分鐘熱度型的，如果觀察出孩子的特殊能力，在學習過程父母得幫助孩子堅持，把技能真的學好，不要讓孩子因好奇心興趣轉移就輕易放棄所學，而導致長大後樣樣通但樣樣鬆的狀況。傷官的孩子只要學有專精，這一生會過得輕鬆自在的。

丙火、傷官、偏印在背誦記憶上較排斥，父母也可從小讓孩子養成背誦的習慣，這對孩子長大後背誦的科目會有很大的幫助。比如可以先讓孩子玩二十六個字母的認字遊戲，等孩子認得字母後，開始看簡單單字時，讓她唸單字的同時把字母一起唸出來，養成習慣增加將來背單字的能力之類的方式，為她在背誦記憶上增強能力。

2020 年流年狀況：可參照第七篇內容

今年孩子為偏財流年，是個充滿歡喜心、愛玩的年，孩子還小，並不會有什麼大問題，但財多身弱，今年也要多注意健康問題。

後記

寫書的過程中，父母親從小與我互動的點點滴滴也常浮現腦中。一直很感謝我的爸媽，從許多日常瑣事中教會我體會生活的快樂，懂得欣賞身邊的點點滴滴。更感謝他們從未拿我與別人家的孩子做比較而讓我懂得自我認同、充滿自信。有一位表姐與我是同一年級生，這位表姐從小就是個超級學霸，永遠是學校裡的第一名，中學上的是北一女中、大學自然也是最高學府臺大的學生。雖然我在學校的表現也不差，校際很多競賽也常名列前茅，但與表姐比起來，實在不夠看。如果我的父母事事拿我與別的孩子比較，身邊剛好又有這麼強的平輩，我想我應該不會是現在的這個樣子。也許我會因長期壓力而成為一個極好強又無法面對一點點失敗的人；或是變成沒有自信並且活在別人眼光中的人……。可是因為父母的態度，讓我學會專注在自己要做的事，時時警惕是否用心、盡力，調整自己的方法，同時也讓我擁有自信去面對任何的人、事、物。

在生活中常聽到許多父母責罵孩子是這樣的開頭：你看看隔壁某某，功課好，都拿第一，你看看你怎麼這麼沒出息……。每回聽到這類的話，我就特別的感謝我睿智的父母，也幫那位孩子捏一把冷汗。因此在自己帶孩子的過程就特別小心這樣的問題：注意與孩子談話的語氣、只專注在孩子面對他自己的事情時用什麼態度去做，而不讓別的情緒影響孩子的心理。本來每個人就有自己的優、缺點，重要的是孩子的自我認知及自我發揮。

而我們教育孩子的目的，最基本的是孩子的人生需求，諸如：

人格的養成

自我思考、自省及決策能力

工作能力

經濟能力

生活能力

能夠完整培養，讓孩子的人生可以過得好，而最終能實現他們的人生夢想，成就他們自己。

所以在教育的路上，我們要做的就是給孩子一個好的引導，讓他們有足夠的智慧過好自己的人生。人不會一輩子永遠平順，這從命學中的流年狀況展現得清清楚楚，我們希望孩子遇到問題懂得解決，遇到機會懂得把握，對人懂得尊重、相處，對事懂得處理，在學習上可以順利並習慣終身學習，在生活上能夠開心、快樂。

歸結來說，好的人格、性格才是成就這一切的根本，其他的也就是過程而已，希望這本書所提供的思維及方法，可以幫助所有的父母及孩子，也祝福天下所有父母和孩子們一切順利。

附錄一：教養實例分享

任何學問最重要的就在於能活用到生活上，非常感謝我的好朋友張家華老師與學生們願意將他們的經驗與讀者無私分享，相信這些實例必能為父母們在教養孩子過程中找到更多不同的思維與方法。

分享一　改變讓孩子逆轉勝

張家華老師（資深命理諮商師）

現代人因工作忙碌又生得少，很多爸媽不是沒時間陪小孩就是用物質滿足孩子，再不就是懶得管教小孩而造成越來越多的問題孩子。看了很多也聽了很多例子，對於我這個離婚又身處在每天為生活忙碌環境中的單親媽媽，孩子是我堅強衝刺事業的動力與安慰，也是我生命的支撐。這種種原因讓我十分看重與孩子間的關係，更加害怕自己沒能力把孩子教養好。

在一個工作因緣下接觸、學習了命理，知道自己是一個屬火的媽媽，特別會寵小孩，本身又帶了很多正偏印的格局，是與孩子間緣份淡薄、不容易溝通的格。而日常生活中，我是個超級急性子的媽媽，叫不動孩子就自己來，看不慣就自己做，加上工作忙，總覺得事情當下做好，能讓小孩吃飽穿暖、好好念書就好。但孩子漸漸長大，狀況愈來愈多。懂了命理之後，加上上課中老師從命盤看到我與孩子的問題時不斷地提醒，讓我警覺，開始檢視自己與孩子間的狀況，發現自己在和孩子的相處上真的需要好好調整，否則等孩子長大萬一思想偏差，那麼我再辛苦努力，又有什麼用？

我極力的想去突破改變。

改變個性、改變習慣真的是一件非常困難的事。一個急性的火媽，開始改變自己的步調，學習放慢、放懶一點。家中家事上改變說法，讓孩子知道「家」是我們大家一起的，家事不是媽媽的責任而是大家共同的責任，我們一同依著四個孩子年紀大小、時間討論分配共同完成。一開始時，常常硬把自己已經火冒三丈的脾氣、快磨光的耐性以及看不慣就自己來的習性壓下來，等孩子自己去完成而不再動手去幫他們做已分配好的家事。經過一段時間，我發現孩子們已不需要我提醒就會完成自己的份內工作。

在行為上，以前因為壓力大，養成了抽菸的習慣。加上當時從事美容工作，在穿著打扮上難免比較時尚新潮。那個時候兩個女兒正值青春期，我特別擔心她們叛逆了，有樣學樣，步上我的後塵－早婚。言教不如身教，我開始改變自己的衣著，用端莊的打扮，避免暴露的款式。也在與女兒聊天中，女兒告訴我：「媽咪妳可以不要再抽菸了嗎?菸好臭，對身體也不好。」我聽完後沒幾天，立馬戒菸了！希望在行為舉止上給女兒們立個榜樣。

一次開車載孩子逛街時，前方剛好有一群年輕人騎著機車，後座有個女孩子穿著一件超露背衣服，幾乎整個背都露出來，加上一件超短短褲，我剛好趁機來個機會教育。但從命盤中我知道兩個帶官殺的女兒很重顏面，直接說教是沒用的，只會讓她們跟我對槓。我就問前座的大兒子：「如果這是你心愛的女人，穿這樣你有什麼想法？」兒子回答：「穿這樣就乾脆不要穿好了。」兒子又說：「男生是喜歡看這樣的女生，但不喜歡自己愛的女生隨便被別人看。」我隨即跟兩個女兒說：「聽見了嗎？這就是男生的想法。」慢慢地在生活中，我觀察兩個女兒，她們開始會注意自己的衣著，買衣服時也不會選擇過於暴露的衣服了。

孩子漸漸長大，接觸面愈來愈廣，更有了自己的想法，甚至有些事怕我反對說教，開始有了欺瞞。於是我就在聊天中跟孩子說：「你們去哪？做什麼一定要跟媽咪說；甚至談戀愛了，也要第一時間讓我知道。媽咪不是要干涉你們，是我必須知道我的孩子在哪、在做什麼、跟誰在一起，我要確認你們是安全的。」當然在這階段的孩子特別機警，怎麼可能聽話照做呢？

女兒交了男朋友時，回家試探性的問我：「如果我交了男朋友妳會怎麼樣？」一直擔心女兒會早婚的我聽完臉色馬上拉了下來，語氣大聲地回了一句：「妳交男朋友啦？」女兒馬上反應：「媽咪妳怎麼翻臉了？妳不是說，妳會擔心，要我們做什麼都得跟妳說，妳不會生氣干涉的嗎？」聽了這話，我怕女兒以後有什麼事都不敢告訴我，趕緊改變語氣態度說：「我只是驚訝，音調大聲了點，沒生氣。」並讓女兒把男朋友帶來與我見面。

見面時，我讓他們一起坐下，跟他們說：「你們還很年輕，還在念書，所以我不當你們是男女朋友，但我不排斥你們交朋友。可是要先說清楚，若你們是真心的喜歡彼此，那從現在起你們的課業、作息就不能比以前差。若是變差了，我一定會把這些原因怪罪在對方身上，你的父母也會把錯怪在我女兒身上的。真的喜歡對方的話會互相鼓勵、互相約束，想著怎麼讓兩個人越來越好而不是變得更差。我不准我的孩子去欺負別人，當然也不准別人來欺負我的孩子，可以做到，我才答應你們做朋友。」在他們交往的過程，我也常跟女兒討論男孩子的行為和想法，要怎麼做對兩人都好。

沒讓我失望的兩個孩子，彼此穩定正常交往了好幾年，現在也步入結婚禮堂，幸福成家了。

我離婚時小兒子才剛讀幼稚園中班。當時因為負債、失婚，事業又剛好在轉換、衝刺期，所以對他較疏於照顧，也因為是老么而放縱了些。一轉眼，他已值青春期的叛逆時間了。當時只要我一出門工作，他就跟著跑出去玩，我工作到深夜回家，他也在外面玩到深夜才回來。學校幾乎每週寄曠課單來，我對他屢次溝通、勸導，他也完全沒有改變，甚至還跟我吵架爭執到大打出手。當時為了這個孩子，真的什麼辦法都用上了也沒辦法讓他好好回學校念書，每天回到家中就是母子的搏鬥時間。後來，我考慮了好幾個月，做了一個讓自己很痛的決定：在他高一上學期開始放寒假時，什麼都沒說就讓他收拾東西，載他回到他爸爸家，下車前我才告訴他：「以後你就住爸爸家，不再跟我住了。因為你自甘墮落不聽勸告，過著逃學糜爛的生活，我們溝通了好多好多次，你也寫過無數張悔過書，但還是依然故我。媽媽教不了你，那我就成全你，在爸爸家沒人會管你，讓你過你想要的生活。」講完我就讓兒子下車，他一直不肯，我依然堅持讓他下車，因為我知道這個帶七殺個性的孩子沒有徹底嚇他一次他是不會改變的，回到父親家也可讓他和損友們不再往來。

兒子下車後我頭也不回地一路哭著開車回家。大概有半年的時間，他傳的訊息跟打來的電話我都不敢接，害怕自己一聽到他的聲音心軟把他帶回來。下學期的課程他的爸爸竟然也沒讓他去讀，我只能從哥哥、姐姐那裡知道他的狀況，默默的關心這孩子。等感覺到他的態度慢慢改變了，我才找他談，我告訴他：「你不聽話好好念書，就會像這半年一樣過這樣的生活一輩子，你也體驗到了，你想這樣過嗎？今後你真的有心改好，我再給你最後一次機會，高一已經輟學一年，浪費了一年的時間，現在只能再重考高中，畢業後你再回來跟我住。」就在約法三章後，孩子認真的讀完高中，考上大學後搬回來跟我住。經過了這段過程，孩子懂事了，不再對我說話大小聲、不再曠課逃學、懂得好好念書。上大學後他開始打工一起分擔學費，自理好自己的功課、生活，學校寄來的成績單也都變成優等。

這樣子的過程可能很多父母無法接受我的處理方式，會覺得心太狠了。學會命理前，我應該也做不到。但是因為我學懂了八字，深刻瞭解了自己、也瞭解了孩子的性格，能針對自己和孩子問題的癥結點找到好方法去處理，並且看到未來的可能性，雖然有些過程很煎熬，但最終能有好的結果，再辛苦也是值得的。

現在我也會運用命理，在流年流月時先做預防跟事前的安排規劃，同時也默默關心孩子，及時處理去扭轉孩子的狀況。也讓孩子們自己學習八字，希望他們可以學會運用命理的智慧照顧他們自己及家庭。目前女兒們也都成家有了孩子；大兒子工作穩定，感情順利，也開始規劃自己事業的未來；小兒子在大學裡成績優異；而我自己也有了穩定的感情生活。我也給孩子們「家人才是永遠最重要的，要懂得經營家庭」的觀念，所以每個月全家人都會固定聚會，每回聚會時，三代人的快樂笑容、熱鬧氛圍，都讓自己無比感恩，人生至此，夫復何求？

分享二　父母，也能成為孩子的伯樂

梁燕玲
八面玲瓏命理美學苑　負責人
國立教育廣播電臺花蓮分臺／夢想俱樂部　主持人

自古以來，「家庭教育」是人生成長過程當中非常重要的一環，由於時代的變遷、社會環境的改變，為人父母的我們，對於子女的教養方式與態度，也該與時俱進並順應時代的潮流來做調整。

筆者本身育有一對姐弟，即便他們來自同一對父母的基因、身處同一個家庭與生活環境，但不一樣的命盤結構，讓姐弟倆有著相異的個性、能力與人格特質。

日主乙木、戌月，年柱正印、十神正官、七殺的姐姐，自小個性乖巧、溫順，很受長輩們的疼愛，特別是女性長輩，對她更是呵護備至。但因本氣較弱、地支無沖，以至有種慵懶、不積極的態度，因此，學業成績平平；反觀弟弟，日主壬水、亥月、年柱傷官，十神正財、偏財，小時候就能言善道、思緒靈活，且學習力強，寫作字體工整，在學業成績方面的表現十分亮眼。

面對人格特質不同的姐弟倆，在其成長過程中，該如何給予適合的教育與引導，著實考驗著為人父母的智慧。

「乙木」姐姐自大學畢業之後，就業方向多而不實，且無強而有力的核心專業能力。身處在競爭而現實的社會，在求職路上更是備感壓力。我與她多次懇談，從命學中告訴她本身的優勢與需求：「乙木」最需要的就是明確的方向與技能，由於命中的「印星」貴人運旺，時有長輩全力相挺，加上月干「正官」加持，自身形象良好、口條清晰、頗具說服力……。

在我們父母的支援與鼓勵之下，她經歷多方的嘗試和努力，終於找到了自己的興趣與方向。而「戌月」的堅持，讓她在一年內考取了多張體適能瑜珈的相關專業證照，另外還考取了國際性的芳香療法、高階精油調油證照，兩個領域的專業也能夠相互結合，現在的她已經是一所專業瑜珈教室的負責人了。

「壬水」弟弟，對於自己份內的事情幾乎能做出妥當的安排與規劃，成長過程中也沒有所謂的叛逆期，這算是為人父母的我們所擁有的一種幸運吧！

這個「亥月」、年柱「傷官」、十神「正財」、「偏財」的孩子，在高中時代就已經清楚的知道，未來的大學四年、加上預計可能再念研究所的二年，都是為了將來的就業而準備，一定要好好的計畫、絕對不能白費時間與精力。所以，在大學填寫志願時，他先選出了自己不見得有興趣、但還可以接受的科系，上就業網站去做各項分析與比較，再請教相關科系的老師與學長、姐，收集多方資訊，最後再選擇一個具有專業技能、就業機會高、薪資也有一定水準的科系就讀。

在這些過程中，我這「己土」媽媽很努力的和「甲木」爸爸溝通，請他尊重孩子自己所做的選擇，因為他為自己將來前途做規劃的能力，更勝於我們所能給他的，無需堅持他一定要上世俗認定的名校與科系，我們所要做的，就是給他全力的支持。今年他即將從國立大學的化學研究所畢業，也已有了職涯路徑的藍圖，目前也正在積極進行，期待他能在職場上發光發熱。

我們透過八字學的分析與瞭解，對於孩子們在每一個階段的人格發展、命格中所顯現的優劣勢，甚至未來的職業性向，都能成為參考的依據。

「八字命盤」就是一本人生的說明書，每個人都是獨一無二的，單一的教育方式並不適用在孩子各個成長的階段，我們應該給予各自適合的教養方式與態度！如此一來，親子關係勢必能更親近、進而為孩子的未來開出一條更寬敞的人生道路。

此文與全天下所有的父母共勉！2020. 05. 30

分享三　陪孩子學會過個自在人生

張睿真（命理諮商師）

年輕時鐵齒從不算命，總覺得算了命就逃不出命盤的格局。經過十幾年的學習觀察和體悟，才發現自己當初的想法有多愚蠢。

事實上，不管是否理解自己的命盤，人生的軌跡大致落定，十足十的會受到外在環境的影響，唯一能做的是修正自己面對它的心態。

初學命理，除了基本的教材需熟悉之外，更重要的是找周遭親朋好友的八字命盤做對照。一邊對照一邊回想親友的個性，內心總是忍不住讚嘆老祖先偉大的智慧，縱然經過千年，八字之準確依然不變。如此默默地也看過破百張命盤，深深體悟了「一種米養百種人」的意思，至此我的個性也愈來愈懂得包容，從前總看不得某些人的小個性，後來理解對方不過是演他自己的劇本（命盤）罷了，沒什麼好計較的。

生了小孩後，免不了從命盤裡瞭解孩子的個性和優缺點。老大財多，玩心重，一歲多洗澡最害怕洗頭，總是哇哇大哭，既然愛玩，有次我把蓮蓬頭的水當成雨，朝天花板斜灑，一邊說：「下雨囉！下雨囉！」老大拿了水瓢往頭上一蓋，說戴了雨帽不怕雨了，從此再也沒害怕洗頭。

最麻煩的是七殺通根，讓他從小體弱多病，只能用中藥慢慢調理；個性問題，從小就帶他讀經，藉由古人智慧明白事理，期望他在長大後遇到事情，還能理性踩煞車而不至於太過衝動。至於心理壓力，我則視情形增減要求，大多只要求重點，其他盡量放手讓他有自主空間。

知道老大的七殺特質就是會給自己許多的要求與壓力，加上低年級導師的不苟言笑，要求也多，導致他心理壓力一度大到快崩潰，不只出現ADHD（注意力缺陷多動障礙）的症狀，課業和人際也出現很大的問題。我能做的只有放學後跟他聊聊學校的事，順便灌輸他一些觀念，幫他釐清人際上的問題，幽默的應對，總是惹得他破啼為笑。我輕鬆面對的態度，慢慢地讓他也覺得事情似乎沒他想像中那麼嚴重。

幸運的，中年級老師教學活潑，很懂得欣賞孩子的長處，也不吝嗇鼓勵孩子多方嘗試。雖然老大在交作業這方面總是拖延，考試成績總是落在最後幾名，但老師還是欣賞孩子在課堂上勇於表達，以及熱心助人的個性。經過老師兩年的鼓勵，孩子終於找回了自信，現在五年級的表現也恢復該有的水準，作業不再拖欠，一些拿手科目也能達到八、九十分以上的成績。老師甚至提名他為模範生候選人，更是令他自信心大漲，表現愈來愈好。

孩子初生下來皆是一張白紙，除了命盤上的個性和優、缺點，後天的教育和引導方式更是成就孩子的最大關鍵。孔子說因材施教，慶幸我自己早早學了命理，三個孩子的個性差異頗大，卻能捉摸得八九不離十，不管是在教育或是引導上都能適情適性、遊刃有餘。外界的人、事、物是我們沒辦法控制的，但是至少在家裡我們能當個懂孩子心的父母，讓孩子們安心的學習如何面對外在的一切。父母只能陪孩子一段，不能陪孩子一生，若期望孩子在未來能好好發揮優勢，修飾弱點，展翅飛翔，早早看懂他們的八字，幫助他們瞭解並規劃自己的人生藍圖，才能讓他們少走冤枉路，過個自在的人生。

在此要感謝引導我學習命理的恩師聖惠老師，說是我人生的再生父母也不為過。學習命理的這十幾年，不斷地反省檢討修正自己的個性，趨吉避凶的保守人生，也幫助自己的三個孩子健康成長，感謝一切的順遂，不至於大起大落。我也會更認真研習、體悟、實踐八字的智慧，和孩子一起創造更美好的人生。

分享四　五行八字與子女教養心得

紀叡蓀（音樂老師及命理諮商師）

從事兒童教育二十餘年，雖然在教學工作上已經是得心應手了，但是面對自己子女的教養問題難免會有力不從心的時候。除了跟其他專業人士交流心得之外，我還以自己所學的命理學術輔助，更能有事半功倍的成效。

我的兩個孩子五行都是屬水，水的個性是有縫就鑽，以什麼容器框住，它就會呈現甚麼樣子，若是沒有一個制約的生活，就不容易循規蹈矩。在我還沒體認到以八字的角度教養之前，我是個很隨興帶孩子的火媽，覺得今天想做什麼就做什麼。當時，孩子做事也確實比較沒有目標。後來我體認到人的五行、十神等命格問題之後，發現自己帶孩子上的一些盲點，於是開始做些孩子生活作習上及學習的規劃，教育的效果就改善許多。

我開始培養兩個孩子規律生活的習慣，並建立生活目標，當然，一起生活的父母更是要以身作則，言教、身教並重，讓孩子發自內心接受而養成習慣。否則在成年獨立之後不再接受長輩的規範約束，個人行為會像決堤的江水難以控制，肇因水行自身隨興的個性較無自律的能力，所以孩童時期就建立良好的行為與作息。舉例：嚴格要求在上課、上班日是六點起床，晚上十點就寢。到了放假日時，作息時間不要落差太大，起床在八點之前而就寢在十一點前。

在家庭教育上，平時就要灌輸家事責任需要家庭成員一同執行的觀念。提醒水行的子女要明確寫下工作內容和完成的時間，並且放在顯眼之處讓他們能看到，否則對他們來說，忘記是正常的事。我有一個固定放小白板的茶几，孩子會去看，上面寫著當天需要他們做什麼事，記錄簡單明確。例如：白板上以條列式寫出工作。至於誰做哪件家事讓兩個兒子互相協調。若是對於工作內容有爭執我再出面分配。

曬衣　上午
清除廚餘
拖地　書房加飯廳

在功課上，我並沒有要求分數和名次。學習才藝我也不特別要求要參加比賽和練習大曲子，我在意的是要長久而且自發性的榮譽和成就感。我的孩子命盤中有比肩、劫財，我是以「你的聰明應該要有更好的成績」或是「你的成績至少要在排名中間，否則表示你太散漫」、「這次你做得很好，老師對你的細心很稱讚」、「還好你有認真去注意這部分，我放心了。」……這些用語來肯定或要求他們。孩子在溫書時，我會一起在旁邊念書或練琴。他們國中之前定期參加舞蹈和音樂的表演，現在他們即使上了高中，但音樂與舞蹈已經成為他們生活的一部分，在忙碌的課業下也會自主性的學習和練習樂器，不需要我頻頻催促。

長久下來，幾乎每件事孩子都能獨立做好：補習時間自己注意、安排；學校功課不需催促；零用錢懂得自己分配運用，收入和支出的數字也會標示日期記錄在自己的帳簿……。我只要定期去看看成果及跟他們討論有沒有什麼問題就行了，看完之後具體稱讚他們的優點和提出缺點。除此之外也會定期和學校及補習班的老師溝通孩子的狀況，關心孩子在家以外的行為。

八字五行是老祖先留傳下來的大數據理論，運用命盤的十神、五行生剋，在外面我可以為他人做命理諮商，在家當然可以用來做教養子女的輔助。也因為早知道小孩性格狀況，從小就先預防訓練，養成他們的好習慣，所以兩個小孩的成長過程也都順順利利的，沒有讓我過多擔心。希望藉由八字五行讓我可以幫助更多學生和孩子。

分享五　找對方法才能照顧好孩子

劉永信

兒子是個早產兒，一出生就常生病，跑醫院是家常便飯，讓我和老婆帶得很辛苦。

當時還沒學習命理，一直覺得孩子從小體弱多病，不只是我們夫妻帶得很累，也覺得孩子很可憐，常常吃藥打針。

直到學習八字命理後才知道，原來小孩本身為庚金身弱格，年柱又帶殺，會讓他體弱多病，也容易受傷。他的本命問題在呼吸系統，平時就得多讓他做一些對氣及肺功能有幫助的運動及多注意呼吸道的保養。

兒子從小想法就悲觀，本以為是身體不好，讓他總往壞處想，看懂他的命盤後才知道是因為盤中傷官作祟，傷官的性格總是讓他先看到事情不好的那一面，我就開始引導他往正面思考，多給他正面能量的鼓勵。

但同時帶偏印的氣息，讓他從來不順著我的指導方向執行，我也常被兒子的不聽話傷透腦筋。後來請教曾老師後，我開始試著用二選一法和他溝通，不再堅持兒子一定得照著我的話做。每次要他做事，比如要他去補習班加強功課，我就找兩家補習班帶他去試聽，再跟他討論兩家的優、缺點，讓他自己選擇，既然是他選擇的，也就不會排斥去補強功課了。

感恩自己有機緣學會命理的智慧，也感謝曾老師的指導，讓我這個本來只會依循「孩子就是要聽父母話」的觀念以及老是和孩子硬碰硬的爸爸，開始瞭解使用方法教導我們家的孩子，也改善了與孩子的親子關係。

分享六　單親也能造就學霸

Rita Chien

在面臨婚變，人生最低潮之時，因緣之下認識了曾老師，當時正因面對另一半背叛的傷痛、與婚姻是否要延續的取捨備感為難與艱辛。與曾老師相談之中，說到了當時的困境屢屢悲從中來、淚如雨下，覺得人生路已經是生無可戀的地步了，不明白曾是那麼相愛的人怎能說變就變，不明白自己到底哪裡做錯了，讓另一半如此對待自己，感覺自己都憂鬱症上身了。

當時老師運用八字命理的分析解說，告訴我人生為何會如此，並讓我安排時間去上命理課程，先認識自身的問題，讓內心平靜下來，再決定接下來的處理方式，畢竟還有孩子，要怎麼做才能降低對孩子的傷害，都需審慎考量。

透過學習，不僅認識了自身的問題，並從命理學中去分析出處理之法和即將可能發生與已發生事件的應對之道，也瞭解了與前夫和小孩之間如何處理會比較完善，這些對我而言受益匪淺，最後在不影響小孩的情況下和平理性簽字離婚。

當時在取捨婚姻時最擔心的就是對女兒心理上的影響。經過老師的教導，明白要讓女兒在這婚姻當中人格發展正常，端看我們父母的做法，就是離婚後還是朋友，要能良性互動，別因自己對另一半的怨念影響孩子，對當時的自己要放下真的很難，但為了小孩，也藉由對命理的瞭解與五行開運輔助之下，與前夫和平相處。

現在回頭看，真的十分感恩，女兒不僅沒受到我們離婚的影響，透過命理與開運的輔助，使得女兒的身體健康（女兒從小對不好的氣場相當敏感）與頭腦的聰慧日益增加，從小一到現在國中二年級都是學霸，每學期都拿第一名，也與我現在的男朋友相處融洽，而我們這對父母後來所交往的另一半也都對女兒疼惜不已，這讓女兒安心，也讓我對女兒的狀況放心，女兒不只學習好，每天也都過得開開心心的，讓我深刻覺得我的犧牲與付出是值得的。

甚至她還輔導她的同學，她同學父母離婚後讓同學個性丕變，怨恨父母與奶奶，對異性也產生幻想……，我教導女兒用我教她的方式來勸導她同學，要對父母的另一半好，阿姨才會對妳好，目前她同學個性也導正過來，覺得現在爸爸女朋友對她很好，心理也平穩許多了。

從認識命理後懂得每年應該要注意的問題，也懂得運用孩子的流年狀況幫助小孩成長，學會命理不是讓你不需要努力與付出就會大富大貴，而是讓自身懂得趨吉避凶、待人處事，讓家人可以把傷害降到最低，每年平安順利，這是我覺得最可貴之處。惜福願意付出就會遇到貴人，我的貴人就是認識八字命理，認識曾老師，也謝謝曾老師的幫助！

命盤記錄表格

父親命盤：

	日主			十神
				天干
				地支

												藏干

日主：_____ 月令：_____

十神：__________________

母親命盤：

	日主			十神
				天干
				地支

												藏干

日主：_____ 月令：_____

十神：__________________

孩子命盤：

生日：____年____月____日____時

	日主			十神
				天干
				地支

												藏干

性格特質及優勢：(第二篇第五章)

日主：_____

月令：_____

十神：_____

_____

_____

習慣及能力培養(第三篇第三、四章)：

健康(第三篇第二章)：日主：

五行：木__ 火__ 土__ 金__ 水__

興趣培養(第四篇第一章之三)：

學習特質(第四篇第一章)：

適性科系、行業(第五篇第二章)：

方位運用(第五篇第三~五章)：文昌位____ 官方(考運)____ 發展方位________

流年運用(第七篇)：

國家圖書館出版品預行編目資料

教養預測學：如何運用八字流年教養小孩？／曾聖惠著.
——第一版——臺北市：知青頻道出版；
紅螞蟻圖書發行，2021.3
面　　公分——(Easy Quick；173)
ISBN978-986-488-215-1（平裝）

1.命書 2.生辰八字

293.12　　110001214

Easy Quick 173

教養預測學：如何運用八字流年教養小孩？

作　　者／曾聖惠
發 行 人／賴秀珍
總 編 輯／何南輝
校　　對／周英嬌、曾聖惠
美術構成／沙海潛行
封面設計／引子設計
出　　版／知青頻道出版有限公司
發　　行／紅螞蟻圖書有限公司
地　　址／台北市內湖區舊宗路二段121巷19號(紅螞蟻資訊大樓)
網　　站／www.e-redant.com
郵撥帳號／1604621-1　紅螞蟻圖書有限公司
電　　話／(02)2795-3656（代表號）
傳　　真／(02)2795-4100
登 記 證／局版北市業字第796號
法律顧問／許晏賓律師
印 刷 廠／卡樂彩色製版印刷有限公司
出版日期／2021年 3 月　第一版第一刷

定價 280 元　港幣 94 元

ISBN　978-986-488-215-1　　**Printed in Taiwan**